これならわかる オリンピックの歴史 Q&A

石出法太
石出みどり

大月書店

読者のみなさんへ

一九六四年の東京オリンピックのとき、私たちは小学生でした。そしてふたりとも、エチオピアのアベベ*選手が走る姿を間近に見ました。ひとりは代々木の国立競技場近くで、公道を走る練習中に出会いました。もうひとりは甲州街道沿いの学校の小学生でしたので、マラソン当日、先生の指示で道沿いにいすを並べ、選手を待ち観戦しました。アベベは先頭で来て、すぐに折り返していきました。

当時の日本は高度経済成長期で、少しずつ日本が自信をつけてきたときでした。それでも外国人に会うことはめずらしく、「外人を見た!」というのは学校で自慢できることでした。普通の人の海外旅行はまだわずか。外国を知る方法は本や映画などが主でしたから、白人は誰もが美男美女なのだとも思っていました。開会式の入場行進をテレビで見て、さまざまな国旗やめずらしい民族衣装にわくわくし、こんなにたくさんいろいろな国があるのか、と思いました。

逆に、このとき日本を訪れた外国の人たち、テレビや新聞、雑誌で東京オリンピックを見た外国の人たちは、何を感じ、考えたでしょうね。

陸上競技の人見絹枝《ひとみきぬえ》選手は、日本人女性で初めてオリンピックに参加した人

＊……ローマ大会につづき、東京大会のマラソンで優勝。

一九六四年、練習中のアベベ(中央・著者提供)

です。彼女は一九二八年のアムステルダム大会八〇〇メートル走で銀メダルを獲得し、その活躍はフジヤマ（富士山）、ゲイシャ（芸者）、ハラキリ（切腹）、地震、キモノ、繊細でおとなしい女性といった、当時の世界がもっていた日本や日本人女性へのイメージ*を、大きく揺るがしました。

私たちもオリンピックをきっかけに、さまざまな国に興味をもちます。たとえば、女子体操のコマネチ選手の活躍ではルーマニアに、陸上競技のボルト選手の活躍ではジャマイカに関心が集まりました。メキシコ大会でのアフリカ系アメリカ人メダリストの抗議は、人種差別問題を大きくアピールし、世界中を驚かせました。

オリンピックはたんなる国際的なスポーツの祭典ではありません。人と人との交流があり、親善や友好が生まれます。また、国際政治の力と力の対立が噴出したり、国内では政府が国民を操作する絶好の機会ともなります。さらに建築土木、旅行、交通業界に限らず、さまざまな分野で大もうけができるビジネスチャンスでもあります。

「近代オリンピックの父」といわれるクーベルタンは、祖国フランスがプロイセンとの戦争に大敗したあと、フランスの若者のからだの鍛錬《たんれん》が必要と考え、スポーツに注目しました。こうして見ると、スポーツはただの試合、勝負、ゲームではありません。選手は純粋に全力をつくして試合をしていても、背後

アムステルダム大会で八〇〇メートル走を走る人見絹枝

*……「この勇敢な、桜咲く国の娘は、ドイツ娘と前後して世界記録を破った。日本の婦人界をこれ以上よく示すものがあろうか。われわれは今なお、日本娘といえばきれいな着物を着込んで、茶の湯と生け花に忙しく、繊細で弱々しいからだをしていると考えている。しかるに、人見はスピードと精神力において、スポーツの進んだスウェーデン、カナダ、アメリカの剛の者を打ち破った。われわれの日本女性観はまちがっていた。」ニューヨーク・イブニングポスト紙（小原敏彦『ＫＩＮＵＥは走る』健康ジャーナル社、二〇〇七年）

では別の力や事情が働いていることもあります。

二五〇〇年以上も前に古代ギリシアのオリンピアでおこなわれていたオリンピックが、近代オリンピックとして復活したのは、一九世紀の末でした。列強諸国が帝国主義政策をすすめ、植民地獲得競争をくり広げる時代がはじまるころです。優位に立つのはヨーロッパ、アメリカ合衆国、そして日本であり、他のアジアやアフリカ、中南米、オセアニア、そして先住民の人びとは、等しく人権をもつ存在だとは考えられていませんでした。

それから一〇〇年以上たったいま、世界は変わり、オリンピックのあり方も大きく変化してきています。もはや欧米中心の大会のままではありえませんし、もし変わらなければ、オリンピックに関心を寄せない人びとが増えていくことでしょう。あるいは古代オリンピックのように、国家単位でなく個人参加になることもあるかもしれません。

この本には八八の質問と答えを載せました。私たちは最善をつくしましたが、常にひとつの答えが正しいとは限りません。みなさんがこの本を読んで、どなたかと話したり、新しい疑問が浮かんで答えを見つけようとするならば、こんなに嬉《うれ》しいことはありません。調べたこと、考えたことを、ぜひお友だちやご家族に伝えてください。

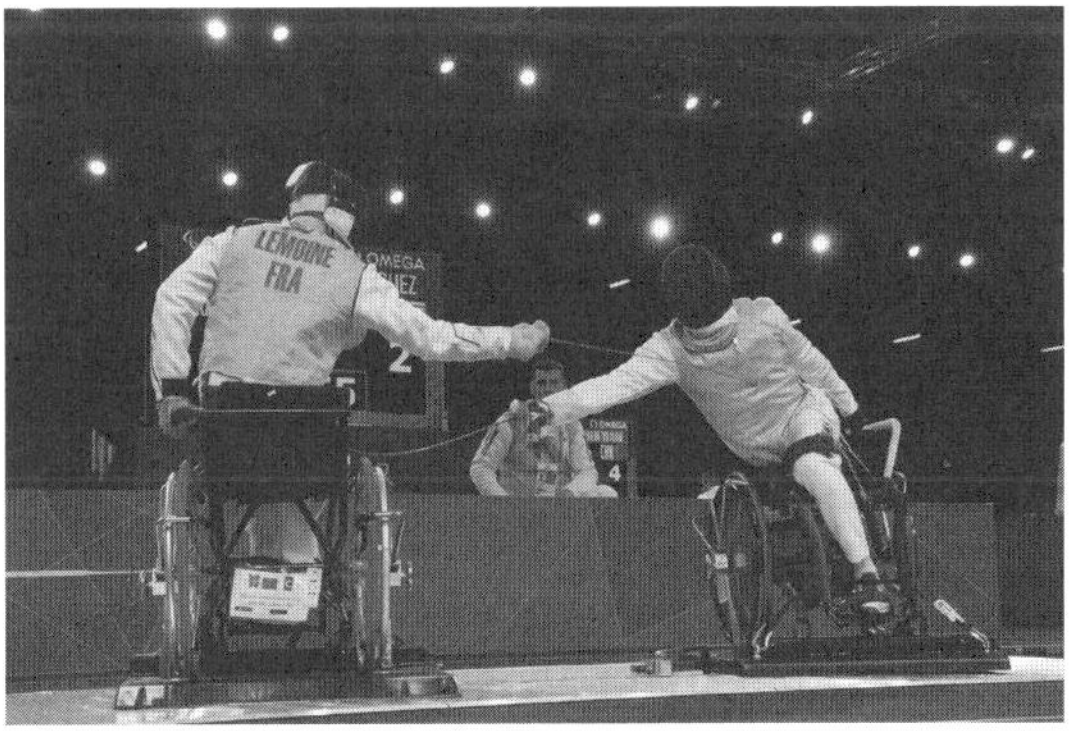

ロンドン・パラリンピック（二〇一二年）での車いすフェンシング

◆の印はオリンピックの歴史に関連する映画の紹介です。現在視聴が可能と思われるものをあげました。興味をもたれた方はご覧ください。

目次 CONTENTS

4 近代オリンピックのはじまり

5 第一回アテネ大会

6 近代オリンピックのあゆみ

7 近代オリンピックと日本

8 近代オリンピックと話題の選手

9 ファシズムとオリンピック

10 戦争とオリンピック

13 オリンピックと参加選手

14 政治とオリンピック

15 パラリンピック

16 人種・民族問題とオリンピック

17 ドーピング問題とオリンピック

18 オリンピックと商業主義

19 オリンピックと現在

20 これからのオリンピック

資料

1 古代オリンピックのはじまり

オリンピアのゼウス神殿（復元図）

オリンピックの起源は、古代ギリシアにあります。その古代オリンピックのはじまりとされるのが、オリンピアでおこなわれた祭典です。いつ、なぜ、ギリシアでスポーツ競技会がおこなわれるようになったのでしょうか。

Q1 なぜギリシアでオリンピックがはじまったのですか。

A1 地中海に面するギリシアのペロポネソス半島の西、エリス地方の山間部にオリンピアがあります。聖地とされたこの地で、いまから二五〇〇年以上も前に、四年に一度、大きなスポーツ大会が開かれていました。

これは最高神ゼウスにささげるオリンピアの祭典で、ギリシア神話によると、ゼウスの子とされるヘラクレスがはじめたと伝えられます。

古代ギリシアには統一国家はなく、ポリス*（都市国家）と呼ばれる小さな国家が分立して争っていました。しかし、ギリシア人は共通の言語や宗教をもち、自分たちはちがう言葉を話す人びとよりも優秀な、同じ民族だという意識をもっていました。古代ギリシアの宗教で最高の神とされるのはゼウスですが、他にも多くの神々が信仰され、神々に奉納するスポーツ競技がさかんにおこなわれていました。

人びとは、競技祭をおこなうことによって神や死者を喜ばせ、安心させようとしたといわれます。つまり、古代オリンピックは宗教行事だったのです。したがってこの競技祭では、ゼウスに生《い》け贄《にえ》をささげる儀式がとても重要でした。

第一回の古代オリンピックの開催は紀元前七七六年とされますが、確証はありません。ゼウス神殿**があるオリンピアを支配したエリスの王が、争いの続いた隣国と休戦協定を結んだことがきっかけとされます。しかしゼウスにささげる競技祭は、それ以前からおこなわれていたともいわれます。

競技祭***は他の都市でもおこなわれ、デルフォイではアポロン神を祭るピュティア祭がおこなわれていました。古代ギリシア人にとってスポーツは、宗教儀式、信仰と切り離せないものでした。

*……ポリスの数は一〇〇〇以上といわれる。人口は数千から数万。人びとが集まり住む城壁内の市街と田園地帯からなる。

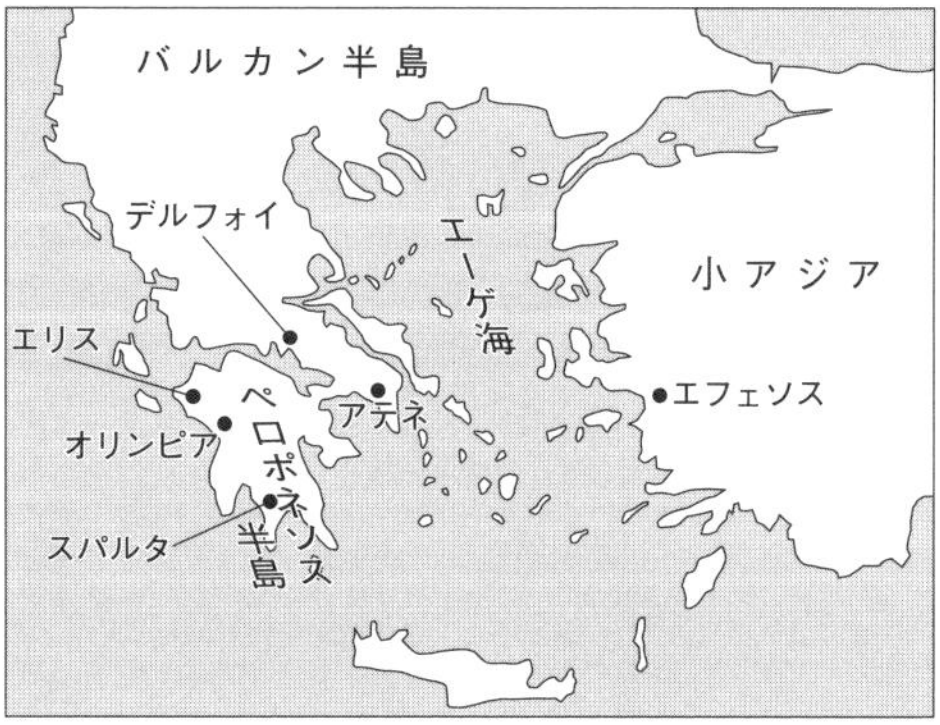

**……ゼウス神殿はペロポネソス半島最大の規模といわれ、完成は前四五六年である。ギリシアの信仰はローマにひきつがれ、ローマ神話ではゼウスはユーピテル（ジュピター）となった。

***……オリンピアの「オリンピア祭」、コリントの「イストミア祭」、ネメアの「ネメア祭」、デルフォイの「ピュティア祭」が四大祭といわれる。

Q2 大会期間中は戦争が休戦になったというのは本当ですか。

A2 初期のオリンピックはわずか一日で終了していましたが、のちに競技数や参加者が増えて五日間になりました。オリンピックが開催されたのは夏の盛りのころで*、夏至《げし》のあとの二度目、または三度目の満月の時期と決められていました。

この時期は麦の刈り入れが終わった農閑期《のうかんき》にあたり、オリンピックには収穫祭としての意味もありました。しかし、争いが絶えなかったギリシアでは、この時期は、農民を兵士として動員できる戦争の季節でもありました。したがって、オリンピック参加者の行き来の安全を確保するために、休戦が不可欠だったのです。

開催年の春には、オリンピックを主催するポリスであるエリスから、開催と休戦を知らせる使節がギリシア各地に派遣《はけん》されました。使節は三人で、いっしょにまわったのか、別々のコースをとったのかはわかりませんが、最盛期にはギリシア人が住むシチリアやエジプトなどまで訪れています。

使節の重要な任務は、各ポリスに休戦を知らせることでした。休戦期間**は最初のころは一カ月でしたが、のちに祭典の規模が大きくなると三カ月くらいに

*……史料によると、真夏のオリンピック観戦の不快さは知れわたっていた。暑さに加え、野営生活、ゴミなどの衛生問題が指摘される。

**……オリンピックのための休戦は「エケケイリア」と呼ばれた。ギリシア語で「手を置く」という意味である。休戦期間中、エリスとオリンピアは神聖な、侵入してはならない地とされた。

なります。

休戦協定はだいたい守られたといわれますが、前四二〇年には、スパルタが休戦協定を破ったため参加を拒否されたことがあります。

オリンピックが近づくと、参加する選手はもちろん、神々への奉納品や招待へのお礼の品を携《たずさ》える使節、商人、見物客など、たくさんの人びとがオリンピアをめざしました。

Q3 古代オリンピックはいつまでおこなわれたのですか。

A3 オリンピックの歩みはギリシアの発展と重なります。前五世紀のペルシア戦争の勝利後、アテネの民主政は完成し、ギリシアの諸ポリスに民主政が広まっていきます。オリンピックは参加者が増し大規模になりましたが、宗教的な要素は薄くなっていきました。新たな競技場の建設地も、神殿から少し離れたところになりました。

当初、オリンピックの優勝者に与えられたのは、名誉の印となるオリーヴ*の葉冠《ようかん》だけでした（後述）。しかし、宗教的色彩が薄くなり、娯楽性が強まると同時に、人びとはポリスの名誉や個人の名声を求め、勝利に強くこだわるようになりました。勝ち負けに金銭のやりとりがおこなわれ、選手の「プロ化」や

*……古代ギリシアの詩人ピンダロスによると、オリーヴの木は豊かさの象徴で、ヘラクレスがギリシアにもたらしたという。葉冠は、ゼウスの神殿の神域に植えられた神聖なオリーヴの小枝を輪にした冠（かんむり）。

対戦相手の買収、審判の不正などが生じ、オリンピックは「見世物大会」のようになっていきました。

ギリシアは前四世紀には北のマケドニアに制圧され、前二世紀にはローマの支配下におかれます。しかし支配者が代わっても、オリンピアでオリンピックは続けられていました。

ところが三九二年、ローマ皇帝テオドシウスが、キリスト教以外の信仰を禁止する命令を出しました。これによって異教**の神ゼウスにささげるオリンピックは禁止となりました。この背景にはオリンピックそのものの変質や、オリンピックを支えてきた「ローマの平和***」が崩れだしていたこともあります。

最後の古代オリンピックは三九三年の第二九三回大会とされていますが、確実なことはわかりません。約一二〇〇年間、絶えることなく続いた古代オリンピックの中止は、オリンピアをも衰退させ、破壊****や洪水などにより神殿や施設は土に埋もれることになりました。

**……キリスト教以外の宗教。従来のローマの神々への信仰もふくまれる。

***……一八〇年までの約二〇〇年の間、強大な軍事力をもつローマ帝国の支配によって、地中海周辺地域に安定と繁栄がもたらされていたことをいう。

****……四二六年のテオドシウス二世の異教神殿撤去の命令で、オリンピアには火が放たれ、あるいは破壊されたとされる。

Q4 オリンピア遺跡の発掘はいつはじまったのですか。

A4 古代オリンピックのことは、前五世紀のギリシアの歴史家ヘロドトスの『歴史』などによってヨーロッパでは知られていました。とくにローマ時代の二世紀に書かれた旅行家パウサニアスの『ギリシア案内記*』には、古代オリンピックについてのくわしい記述があり、遺跡発掘の際には大きな手がかりとなりました。

オリンピアの遺跡は一七六六年、イギリスの調査隊によって発見されました。当時は多くの遺跡がまだ土に埋もれたままでした。一八世紀後半のヨーロッパでは、イタリアのポンペイ遺跡も注目され、古代**ギリシア・ローマ文化への関心が高まっていました。

一九世紀にはオリンピアの本格***的な発掘がドイツ調査隊によってなされ、オリンピア遺跡のほぼ全容が明らかになります。その後もオリンピアでは、ドイツ人考古学者がときどき調査をおこなっていました。

二〇世紀に入ると、ヒトラーがオリンピア遺跡の再発掘を命じました。一九三六年に開催されるベルリン大会の宣伝に、オリンピック発祥の地の発掘を利用しようとしたのです。

第二次世界大戦が開始されると、ギリシアはドイツ軍に占領されます（一九四一年）。このときオリンピアでは、遺跡を戦争による破壊から守るために、ギリシアとドイツ双方の考古学者が努力しました。それが戦後の発掘再開につながったといわれます。

古典の文献でしかわからなかったオリンピアの祭典は、発掘調査によって遺

*……全一〇巻、うち第五、第六巻がオリンピアに関するもの。

**……一八世紀末から一九世紀にかけて、ヨーロッパ列強諸国はギリシアから競争のように古代遺物を略奪した。その代表例が、大英博物館に展示されるパルテノン神殿の遺構の一部「パルテノン・マーブル（エルギン・マーブル）」である。

***……トロイアの発掘で知られるシュリーマンもこの発掘権を得ようとしたが、ドイツ政府のものとなった。

オリンピア遺跡の発掘（一八七五年ごろ）

物や遺構から解明できるようになりました。パウサニアスの記述はローマ時代のものですが、遺跡からはオリンピックが開催された幅広い時代の遺物が発見されています。古代オリンピックの全容をつかむことはこれからの課題です。

2

古代オリンピックのようす

いま、夏季オリンピックは二〇〇以上の国と地域から一万人以上の選手が参加し、三〇近くの競技で競いあう大規模なスポーツ大会となっています。いまから二五〇〇年以上も前、ギリシアでおこなわれていた古代オリンピックは、どんな大会だったのでしょう。

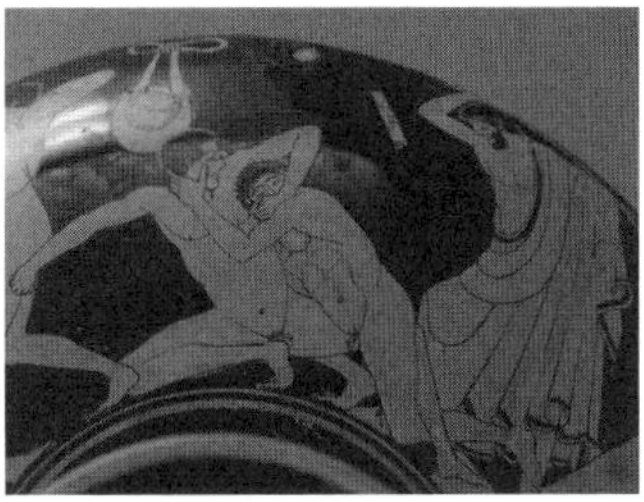

もっとも過酷な競技「パンクラチオン」。目つぶしの反則の場面（前5世紀）

Q1 大会の日程はどうなっていたのですか。

A1 古代オリンピックについては断片的な史料しかなく、残念ながらよくはわかりません。でも、大会が五日間になった前五世紀ごろのようすを、いくつかの文献*から見てみましょう。

主催はギリシアのポリスのひとつ、エリスです。選手やコーチは大会の一カ

＊……ペルシア戦争をとりあげたヘロドトスの『歴史』、ペロポネソス戦争史であるトゥキディデスの『歴史』、ホメロスの叙事詩『イリアス』などに断片的にオリンピックがとりあげられている。もっともくわしいのは二世紀のパウサニアスの『ギリシア案内記』である。

月前にはエリスに到着し、合宿トレーニングに入りました。集まった観客の数はわかりませんが、競技場の収容人数が四万人くらいと見積もられるので、かなりの人が会場のオリンピアを訪れたとみられます。初期のころは宿泊施設がなかったため、開会中は多くの人がテントでの生活でした。

大会初日、選手やコーチはゼウスの神殿に行進し、祭壇に生《い》け贄《にえ》をささげてゼウスをはじめとする神々に勝利を願う祈りをささげました。競技は二日目からですが、一二歳から一八歳までの少年の部は初日におこなわれたともいわれます。

大会中日となる三日目の午前には、ゼウスに生け贄をささげる重要な儀式がおこなわれます。大祭壇の前では牛が一〇〇頭も解体され、焼かれました。その立ちのぼる煙がゼウスを喜ばせると考えられていたのです。この日の午後と四日目は、競技がおこなわれました。

五日目の最終日は優勝者を讃《たた》える日となります。優勝者はゼウス神殿の前で一人ずつ名前を読み上げられ、オリーヴの葉冠をかぶせてもらいます。式のあとは盛大な宴会が催《もよお》されました。

それから選手や観客は、休戦が終了する前に急いで帰国しなくてはなりませんでした。人びとが立ち去ったあとのオリンピアには膨大なゴミが残され、四年に一度とはいえ、主催国エリスの負担はたいへんなものがありました。イベ

競技場への入場門

ント会場から出る大量のゴミの始末は、いまも重要な問題ですね。

Q2 どんな競技がおこなわれていたのですか。

A2 前七七六年の第一回古代オリンピックの競技種目は、一スタディオン(約一九二メートル)の直線を走る短距離競走の一種目だけでした(複数種目おこなわれたという説もあります)。スタディオン*とは古代ギリシアの長さの単位です。このときの優勝者はエリスの若者だったとされます。古代のスポーツは、記録タイムを競うものではなく、二位、三位などの表彰はありませんでした。

前七二四年の第一四回から、ディアウロスという、約四〇〇メートルを走る往復走がはじまりました。このあと、一二回往復する長距離走もおこなわれるようになります。のちには、重装歩兵**のよろいやかぶとなどを身に着け、楯《たて》を携えて走る武装競走もおこなわれました。ただの競走ではなく、戦争にからんだ競技のはじまりです。

前七〇八年の第一八回大会からは、五種競技が採用されました。一人の選手が五種目に挑戦する競技で、幅跳び、円盤投げ、短距離競走、やり投げ、レスリングをおこないますが、順番にはいろいろな説があります。これらすべてに

*……スタディオンから「スタジアム(競技場)」ということばが生まれた。

**……古代ギリシアの陸軍の主力で、青銅製のよろいとかぶと、すね当てをつけ、青銅製の直径一メートルほどの丸い楯を持つ、重装備の兵士のこと。

　優れた能力をもつ選手は、人びとのあこがれの的となりました。

　また格闘技のレスリングやボクシング、パンクラチオン（後述）は、古代オリンピックの人気競技でした。前六三二年の第三七回大会からは少年競技が採用され、短距離競走とレスリングとボクシングなどがおこなわれました。

　のちには戦車競走（後述）などの競馬競技もおこなわれ、ラッパ手競技や伝令競技も採用されました。ただし、各大会でこれらの競技が全種目実施されたのではなく、多くても一三種目くらいだったようです。

Q3 戦車競走があったのですか。

A3

古代の戦争で使われた戦車は、二頭か四頭の馬がひく二輪車で、そこに御者《ぎょしゃ》（馬をあやつる人）と兵士が乗りました。

　古代オリンピックの*戦車競走（兵士は乗りません）は、前六八〇年の第二五回大会から登場しました。戦車競走はそれ以前のかなり古い時代からおこなわれていたようで、前一六世紀の**ミケーネ文明にまでさかのぼるという学者もいます。オリンピックの競馬種目では、普通の騎馬《きば》競走や二頭立ての戦車競走もおこなわれましたが、一番人気があったのは四頭立ての戦車競走でした。

　オリンピアの競馬場は、残念ながらいまは残っていません。しかし、長さは

スタディオン走の壺絵（前六世紀）

*……ギリシア最古の叙事詩、ホメロスの『イリアス』にも、戦車競走がとりあげられている。

**……ギリシア人がペロポネソス半島のミケーネ地方中心に形成した青銅器文明。

二スタディオン、すなわち約四〇〇メートルあったといわれます。そこを一二往復、つまり約一万メートル走るのです。四頭立ての戦車が四〇台くらい走るのですから、スタート地点や折り返し地点での戦車どうしのぶつかりあいは当たり前、土煙がもうもうと立つ、命がけ***のたいへん危険な競技でした。折り返し地点は一八〇度の方向転換ですから、御者の腕の一番の見せどころです。ふたつのコーナーには、朝早くから多くの観客がつめかけたといわれます。

ところが、この命がけの戦車競走で勝利しても、栄冠を授けられたのは御者ではなく、馬主（馬の所有者）でした。御者は裕福な馬主に雇われた者にすぎませんでした。このため、見物すら制限されていた女性****が、馬主ということで優勝者になることもありました。古代ギリシアでは、馬主として競技に参加することは社会的地位の高さをあらわし、勝利は社会的評価を高めました。また御者にとっても、プロ選手としての高い評価は高額の報酬《ほうしゅう》につながりました。

Q4 もっとも過酷だったといわれるパンクラチオンとは、どんな競技ですか。

A4 古代オリンピックの格闘技競技を見てみましょう。レスリングは、からだにオリーヴ油を塗り、今日のレスリングと似たものがおこなわれたようです。また、ボクシングはほとんど素手のまま闘い、時間は無制限、休むこ

***……オリンピックではないが、ローマ帝国時代が舞台の映画『ベン・ハー』（一九六〇年、ウィリアム・ワイラー監督）では、壮絶な戦車競争が描かれている。

****……スパルタ王アゲシラオス二世の妹キュニカスが二回優勝している。

古代ギリシア時代の戦車と御者（前六世紀）

とも認められず、相手を叩きのめすまでおこなわれました。このボクシングとレスリングを合わせたような総合格闘技がパンクラチオン*です。

そのようすが描かれたギリシアの壺《つぼ》の絵を見ると、試合はパンチやキックが技の基本で、投げ技や締め技、関節技などがおこなわれています。禁じ手は目や鼻、口や耳などの穴のあいた身体部分に指を突っ込むことと噛《か》みつくことだけで、むき出しの下腹部の急所への攻撃も認められていました。試合はどちらかが戦意喪失《そうしつ》するまで続けられ、「降参」を示すときは右手の人差し指を立てました。当時の格闘技競技は体重別ではないので、からだの大きな人がいつも勝つようになり、しだいにつまらなくなったといわれます。

史料を見ると、当時からボクシングとパンクラチオンは危険きわまりない競技と考えられていたようです。当然死者も出て、エフェソス**から出土した墓碑《ぼひ》銘《めい》には、パンクラチオンの競技中に死亡したと刻まれたものがあります。しかし一方では、オリンピアの祭典は神にささげるものだったので、人を殺すことは禁じられていた、とする説もあります。

*……競技としての採用は前六四八年とされる。

パンクラチオンの壺絵（前五世紀）

**……トルコ西部に残る古代ギリシアの都市である。

3 古代オリンピックに参加した人びと

16世紀イタリアの絵画に描かれたゼウス（左）とヘラ（上）

オリンピアでおこなわれたオリンピックには、ギリシア各地から選手や関係者、観客、商人など多くの人びとが集まりました。そこではどのような人びとが、どのように競技をおこなったのでしょうか。

Q1 古代オリンピックにはギリシア人しか参加できなかったのですか。

A1 古代オリンピックに参加できるのは、ギリシア人の男性だけでした。奴隷や、ギリシア人でない人は参加できなかったのです。

古代ギリシア人は、自分たちをギリシア神話の英雄ヘレンの子孫であるとして「ヘレネス」と呼び、異民族を「バルバロイ*」と呼んで軽蔑《けいべつ》していました。

*……バルバロイとは「聞き苦しい言葉を話す者」という意味である。

宗教行事である古代オリンピックは、このギリシア人としての民族意識、ギリシア人としての一体感をつくりだす機会でもありました。

ポリス間の抗争が続いている場合でも、オリンピックの開催と休戦を告げる主催国エリスの使者が到着すると、各ポリスは休戦に入ります。各ポリスで選ばれた選手は、自国で最低一〇カ月のトレーニングをしなければなりません。そして一カ月前にはエリスに到着し、トレーニングを続けます。こうして高い競技水準が維持されました。エリスには体育館などが用意され、選手登録がおこなわれて、**ギリシア人かどうかもチェックされました。

ギリシアは前四世紀に北のマケドニアの支配下におかれます。マケドニア人はかねてからオリンピックにあこがれを抱いていました。そこで、マケドニア王家はヘレネスの流れをくむと主張して大会に参加したといわれます。

前二世紀になり、ギリシアがローマの支配下におかれると、オリンピックはローマが多民族を統治する政治の道具のひとつとなり、「国際化」します。古代ギリシア人が「バルバロイ」と軽蔑した地中海周辺の異民族も、***ローマの時代にはオリンピックに参加するようになりました。

オリンピアのパレストラ（体育館）跡

**……資格審査は、競技審判をつとめるエリスの役職者がおこなった。

***……オリンピックを支援することが、皇帝の威信を高めることになったと考えられる。

Q2 選手は裸で競技をしたというのは本当ですか。

A2 古代ギリシアの壺には、裸でスポーツをする男性が黒絵や赤絵のスタイルでたくさん描かれています。古代オリンピックの参加者は男性に限定されていましたが、裸で競技をおこなっていたのです。

なぜ裸でおこなうようになったのか、その理由にはいろいろな説があります。当初、選手は腰布を着けて競技をおこなっていたようです。しかし前八世紀の競走で、ある走者が腰布を落としてしまっても走りつづけ優勝したことから、裸体で出場することが広まったといわれます。また、前七世紀にスパルタの走者が連続して優勝したことから広まったとも伝えられます。スパルタでは裸で競技がおこなわれていたのです。

しかも、裸体は選手だけではありませんでした。前四世紀に女性がコーチに変装して競技場に入ったために、コーチにも裸体が義務づけられることになりました。

古代ギリシアの彫刻には、全裸の青年像が多く見られます。人びとは、鍛《きた》えられ均整のとれたたくましいからだを、とても称賛していました。ギリシアでは、理想に近い完璧な肉体は、精神や知性の完璧さにもつながると考えられて

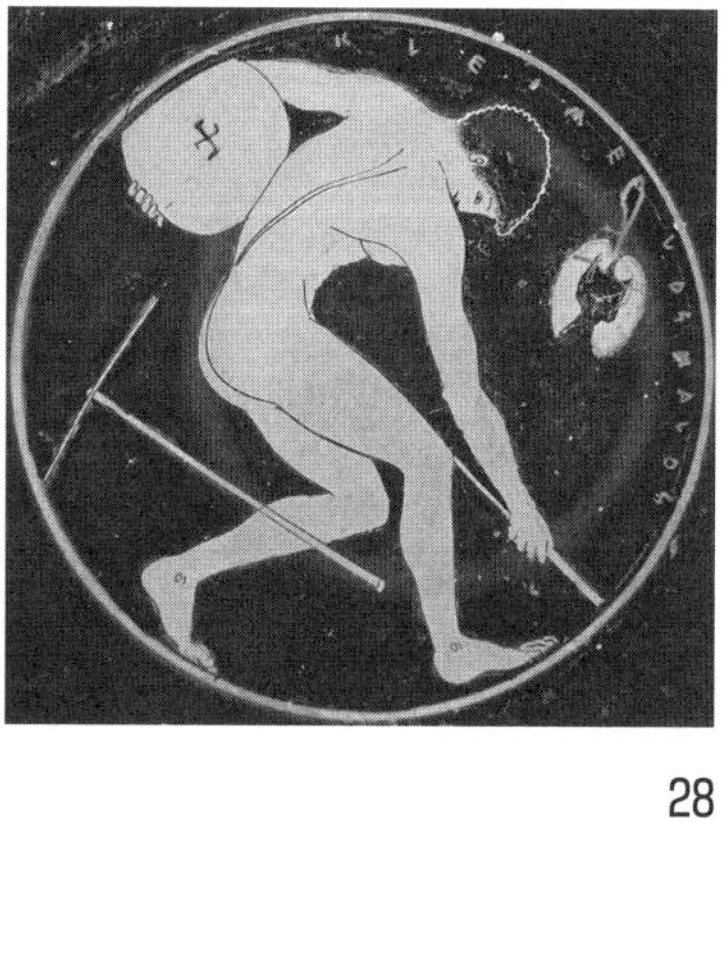

古代ギリシアの陶器に描かれた、円盤投げをする若い男（前六世紀）

いたのです。たくましい肉体の美しさが礼賛《らいさん》され、裸体での競技につながったともいわれます。

選手たちは裸のからだにオリーヴ油を塗ってトレーニングをおこないました。オリーヴ油は、空気が乾燥し、肌も乾きやすいギリシアでは欠かせないものです。トレーニング後は汗と油を落とし、水浴びをしました。トレーニング場には、油を塗る部屋や浴室が完備されていました。

Q3 女性は参加できなかったのですか。

A3 古代オリンピックでは、女性は競技への出場は禁止、見物も制限されていました。エリスには、オリンピックに参加しようとした既婚《きこん》女性は山の崖から突き落とすという掟《おきて》があったそうです。

見物が制限された理由は、男性の選手たちが裸体だったからではないようです。なぜかはわかりませんが、未婚女性には見物が認められていたからです。しかし、実際に女性は見物したでしょうか。どうでしょうね。

古代ギリシアは男性中心の社会で、女性の地位は低く、社会的な集まりや公的な行事にはほとんど参加できませんでした。宗教行事であり政治的な意味もある古代オリンピックへの参加も当然、認められなかったのでしょう。また、

ヘラ神殿の跡（オリンピア）

オリンピック競技の大半が戦闘技術につながるものだったということも、女性が参加できなかった理由になります。

しかし、同じオリンピアの競技場で、女神*ヘラにささげる女性だけの競技祭が四年ごとにおこなわれるようになりました。ヘラはゼウスの妻で、結婚をつかさどる神です。

競技は、未婚の女性による約一六〇メートルの短距離走の一種目のみ。優勝者にはオリーヴの葉冠と、ヘラにささげられた牝牛《めうし》の肉が与えられました。牝牛は豊穣のシンボルでした。参加した選手たちは、丈の短い衣服で走ったようです。

この女性だけの競技祭にふれている史料は、パウサニアスの『ギリシア案内記』くらいですので、くわしいことはわかりません。ヘラの祭典は前五八〇年ごろには形式が定まっていたようですが、いつの季節に実施され、いつまで続いたのか、くわしいことは不明です。

Q4 アレクサンドロス大王や皇帝ネロも競技に参加したのですか。

A4 前四世紀にギリシアを支配下においたマケドニアの王フィリッポス二世*が、オリンピックの騎馬競走や戦車競走で勝利したと伝えられていま

*……現在の聖火が採火される儀式は、ヘラ神殿前の祭壇跡でおこなわれる。採火の儀式の本番は非公開とされており、テレビ等で見られるものはマスコミ向けのリハーサルの場面である。

走る少女のブロンズ像（前六世紀）。「髪をおろし、胸まで右肩を出したひざ丈のチュニックを着ている」（パウサニアス）

*……彼は勝利を記念する銀貨や金貨を発行した。またオリンピアの神域に、自らの像などをおいた「フィリッペイオン」と呼ばれる円形の建物をつくった。

す。もちろん、彼自身が手綱《たづな》をにぎったのではなく、競走馬の馬主としてのことでした。

その息子のアレクサンドロスは、全ギリシアの連合軍を率《ひき》いてインドにまで遠征し、大帝国を建設して大王と呼ばれました。アレクサンドロス大王がオリンピックに参加したという史料は発見されていませんが、彼がオリンピックに敬意**をもっていた話は伝わっています。

マケドニア王家とオリンピックのかかわりは、前五世紀にさかのぼります。大王と同名のマケドニア王アレクサンドロス一世と彼の孫が大会に参加したと伝えられていますが、彼らが実際の競技に参加したかどうかはわかりません。彼らにとってオリンピックへの参加は、ギリシア世界の一員となるために必要なことだったのでしょう。

ギリシア文化にあこがれたローマ帝国は、オリンピックの開催を認めただけでなく、援助もおしみなくおこないました。今日オリンピアに残る競技場入り口のアーチは、初代皇帝アウグストゥスの時代の建造といわれます。大会にはローマ帝国が支配する各地の選手が参加するようになり、のちの皇帝ティベリウスや彼の養子ゲルマニクスも戦車競走に参加し、優勝しています。

暴君と伝えられる皇帝ネロも、第二一一回大会に参加しました。この大会はもともと六五年に開催されるはずが、ネロの都合で六七年に変更されたといわ

**……アレクサンドロスはペルシア遠征の際のイッソスの戦い（前三三三年）で、ペルシア側で戦ったギリシア人傭兵の捕虜がオリンピックの優勝者であることを知ると、ただちに釈放したという。また、彼の遠征によって各地にギリシア的な競技が広められたともいわれる。

アレクサンドロス大王（ポンペイ出土のモザイク画）

れます。戦車競走に出場したネロは途中で落馬したのですが、「優勝者」とされました。審判がネロを恐れたのかどうかはわかりません。またネロは正式競技ではない音楽競技をおこなわせ、みずから「優勝者」になったといわれます。

Q5 優勝者には葉冠だけが与えられたのですか。

A5 賞品は*オリーヴの葉冠だけでした。冠《かんむり》はオリーヴの小枝を輪に編んだもので、ゼウス神殿の聖域の聖なるオリーヴでつくられていました。

オリーヴの木は古代ギリシア人にとって、樹木の生えていなかったオリンピアに神話の英雄ヘラクレスがもたらして植えたとされる、神聖な木でした。水のない乾燥地でも育つ生命力の強い木で、優勝者にふさわしいと考えられたのでしょう。

また、オリーヴは平和の象徴でもありました。オリーヴの小枝は平和を求める人、許しを求める人が携えるものとされ、オリンピックの開催と休戦を告げるエリスの使者は、オリーヴの葉冠をかぶって各地をまわりました。

さて故郷に帰った優勝者には、ポリスから多くの特典が与えられました。盛大な凱旋《がいせん》式がおこなわれ、多額の報奨《ほうしょう》金が与えられたのです。さらに年金が与えられたり、税の免除がおこなわれたりした例もあります。また優勝によっ

＊……混同されがちな月桂樹の冠（月桂冠）は、ギリシア神話の文化・芸術の神アポロンに由来し、アポロンにささげるピュティア祭の優勝者や詩人などの芸術家に与えられた。

二〇〇四年アテネ大会でもオリーヴの葉冠が与えられた

て高い地位を得て出世した人もいます。優勝者は経済的にも社会的にも充分に報《むく》われ、オリンピックでの勝利は人生の転機となりました。であるならば、逆に敗者の人生もどんなものか想像がつきますね。

やがて、オリンピックの出場者は、後援者などからの報酬で生計をたてる「プロ選手」ばかりとなりました。彼らは各地の競技会に出場して、巨額の賞金をかせぎました。このため、競技で不正や八百長《やおちょう》が横行するようになります。大会は財力や社会的地位を誇示《こじ》する場となり、運営も権力者の意向に左右されるようになりました。

④ 近代オリンピックのはじまり

1894年に国際オリンピック委員会が開かれた。左から2人目がクーベルタン

フランスのピエール・ド・クーベルタンがオリンピックの復興を提唱したのは、一八九二年のことです。その四年後の一八九六年、ギリシアの首都アテネで近代オリンピックの第一回大会が開かれました。古代ギリシアのオリンピックは一五〇〇年以上の時を経て、どのようにしてよみがえったのでしょうか。

Q1 近代オリンピックはどこではじまったのですか。

A1 じつは、フランスでもギリシアでもなく、イギリスではじまったといえます。イギリスの首都ロンドンの北西、ウェールズとの境近くに、マッチ・ウェンロック*という小さな町があります。ここでは一八五〇年から毎

*……二〇一二年ロンドン大会のマスコット「ウェンロック」は、この町の名前に由来する。

年、地域住民が参加する競技会「ウェンロック・オリンピック」が開催されていました。まだクーベルタンが生まれる前のことです。

　この競技会は、古代ギリシア文化に関心をもっていた地元の医師ウィリアム・ブルックス＊＊が、オリンピア遺跡の発掘に刺激を受けてはじめたといわれます。競技は陸上競技やフットボールなどで、貧富の差や階級のちがいを超えて住民が参加する催しは、当時としては画期的なことでした。この競技会の規模が大きくなり、一八六〇年にはウェンロック・オリンピアン協会、さらにイギリス・オリンピアン協会が設立されます。さらに、実現はしませんでしたが、ブルックスはギリシアと連携し、アテネで国際競技会を開催することまで考えていました。

　一八九〇年一〇月、ブルックスはイギリスに滞在していたクーベルタンを「ウェンロック・オリンピック」に招待しました。クーベルタンはイギリスを幾度も訪れ、フランスの教育にイギリスのスポーツ教育をとりいれようとしていたのです。クーベルタンはとても感激し、ウェンロック・オリンピックは古代オリンピックを継承した大会だと述べています。このときクーベルタンは二七歳、ブルックスは八一歳でした。

　ブルックスは国際オリンピック委員会（ＩＯＣ）が誕生した一八九四年のソルボンヌ＊＊＊大学での会議に、体調不良のために参加できず、二年後に亡くなりま

＊＊……背景には、ブルックスが労働者の権利を拡大するチャーティスト運動にかかわっていたことがあった。

＊＊＊……ソルボンヌ大学と呼ばれる大学は、正式にはパリ大学の一部である。

した。古代オリンピックを復興した栄誉はクーベルタンただひとりのものとされ、ブルックスの功績や、彼とクーベルタンとの交流は、歴史の表面からは消えることとなりました。

Q2 なぜ、古代オリンピックが復興されたのですか。

A2 一九世紀にオリンピア遺跡の本格的な発掘がすすむと、そこでおこなわれた古代オリンピックも注目を集めるようになり、各地のスポーツ競技会に「オリンピック」の名前をつけることが流行《はや》りました。ブルックスのウェンロック・オリンピックもそのひとつです。他にもスカンディナヴィア・オリンピックやギリシア・オリンピックなどがありました。

そのギリシア・オリンピックの第一回大会は国内競技会ですが、一八五九年にアテネの公園で開催されました。ギリシアは一九〇〇年近くもの長いあいだ、ローマ帝国、東ローマ帝国、オスマン帝国という強大な異民族の支配を受けた国です。*独立戦争をへて独立したのは一八二九年。約一九〇〇年ぶりのことでした。その喜びと新たな国家体制のもとで、古代ギリシアの文化や伝統が見直されていきました。そこには、「ギリシア人」とは何かというアイデンティティを求めて、オリンピックの復興をめざす気運もありました。

ウィリアム・ブルックス

*……オスマン帝国に支配されてきたギリシアの独立は、一八二一～二九年までの独立戦争をへて実現した。バルカン半島への進出をはかるロシア・イギリス・フランスは、ギリシアを支援して介入した。

ギリシア・オリンピックはイベント的な成功はあまり得られなかったようですが、一八八九年の第四回大会まで続きました。独立直後のギリシアは政治的に不安定で、経済的にも苦しく、こうした大会を開催することは難しかったようです。

こうして見てきたように、古代オリンピックの復興は、クーベルタン独自の発案ではありません。しかし彼は古代オリンピックにヒントを得て、世界平和と結びつけた国際競技大会を実現しようとしました。一八九六年の近代オリンピック第一回アテネ大会の組織委員会メンバーの多くは、このギリシア・オリンピックの関係者でした。

Q3 「近代オリンピックの父」といわれるクーベルタンは、どんな人ですか。

A3 クーベルタンはフランスの名門貴族（男爵）の三男として一八六三年に生まれました。スポーツ万能だった彼は、少年時代に古代ギリシア・ローマ文化の魅力にとりつかれたそうです。

プロイセン*・フランス戦争でみじめな敗北をした祖国フランスの復活を考えていたクーベルタンは、二〇歳のときにイギリスを訪れます。そこで彼は、スポーツが青少年の教育に大きな役割をはたしていることを目《ま》のあたりにしまし

ピエール・ド・クーベルタン

*……一八七〇～七一年。事実上ドイツ対フランスの戦争で、フランスは惨敗。多額の償金を課せられ、アルザス・ロレーヌ地方はドイツ領となった。一方ドイツは、この勝利によってプロイセンを中心に統一され、ドイツ帝国が成立した。

た。そして、スポーツによってフランスの若者を鍛えようと政治家などに働きかけ、「フランス運動競技協会連合」を設立します。

一八九〇年に発表された聖地オリンピアの発掘報告書は、クーベルタンに大きな影響を与えたようです。彼は、古代オリンピックを復興させて世界中の若者が参加する国際競技大会を開けば、スポーツによる友好が生まれ、平和につながると考えました。ソルボンヌ**大学で一八九二年に開かれた会議でその考えを発表し、各国をまわって賛同者を募《つの》りました。

一八九四年六月、パリでオリンピック復興のための国際会議が開催されました。このとき会場となったソルボンヌ大学には、一二カ国から四七団体の関係者が集まったといわれます。ここでオリンピック運営のための国際オリンピック委員会（ＩＯＣ）が結成され、会長にはロンドン在住のギリシア人実業家ヴィケラスが就任し、クーベルタンは実権をにぎる事務総長となりました。このときのＩＯＣ委員はわずか一五人でした。

古代オリンピックと同じように四年に一回開催すること、第一回の開催地はアテネとすることが決まりました。白地に青、黄、黒、緑、赤で描かれた五輪***のマークも、クーベルタンのデザインです。クーベルタンはのちにＩＯＣの会長となって三〇年近くつとめ、一九三七年にスイス****のローザンヌで亡くなりました。七四歳でした。

**……一八九二年、クーベルタンは、ソルボンヌ大学で開催されたフランス運動競技協会連合創立五周年式典での講演で、初めてオリンピック復興の構想を発表した。

***……一九一四年のＩＯＣ創立二〇周年記念式典で、オリンピックの旗として発表された。五つの輪は五大陸の結合・連帯をあらわす。しかし、たとえば黒色はアフリカ大陸というような、色別の意味はない。

****……遺体はＩＯＣ本部のあるローザンヌに埋葬されたが、心臓は遺言により古代オリンピックの地オリンピアに埋められた。

Q4 なぜ、近代オリンピック第一回大会はアテネで開催されたのですか。

A4 クーベルタンは近代オリンピックの第一回大会を、万国博覧会にあわせて一九〇〇年にパリで開催しようと考えていました。しかし委員会で、もっと早い時期に開催しようという主張が通り、一八九六年の開催が決まりました。開催地はロンドンを推《お》す声もありましたが、古代オリンピックがおこなわれたギリシアと決まりました。

しかし、オリンピアは交通が不便な地で、遺跡が発掘された場所ではあっても、とても競技会をおこなえる場所ではありません。そこで首都のアテネが開催地になりましたが、アテネにも使えそうな競技施設はありませんでした。

政治が不安定で財政難のギリシアは、開催地の返上を決定します。クーベルタンはアテネを訪れ、多くの政治家やジャーナリストに、ギリシアでの開催の意義を説《と》いてまわりました。ギリシアの新聞は連日、オリンピック開催問題をとりあげました。

クーベルタンを救ったのは、ギリシア王室の支援でした。とくに皇太子は関心が強く、みずから組織委員会の会長役を引き受けるほどでした。ギリシアは開催にふみきります。その背景には、当時の王室がデンマーク出身だったため、

パナシナイコ・スタジアムでおこなわれた第一回アテネ大会の開会式

「ギリシア」を誇り愛していることを国民の前で強調して、外国からきた国王[*]というイメージを弱めるねらいがあったといわれます。

競技場も、大理石でできた立派なパナシナイコ・スタジアムが復興されました。この競技場は、前四世紀にパナテナイア競技大会[**]のために建設されたものでしたが、長い年月のあいだにつぎつぎに建材の大理石が持ち去られていました。巨額の修復費用はギリシア人富豪のアヴェロフの寄付によってまかなわれ、当時は世界一の寄付といわれました。

＊……当初一八三二年にギリシア王国が成立したとき、国王はイギリス・フランス・ロシアが後押しした南ドイツのバイエルン王国出身者だった。しかし一八六二年に軍がクーデタを起こし、新国王としてデンマークの王子が迎えられた。

＊＊……アテネ最大の祭であるパナテナイア祭の競技大会は、前六世紀にはじまったとされ、のちにはオリンピアにならった競技がおこなわれた。友好関係のあったポリスが参加する地域大会だった。

5 第一回アテネ大会

第１回アテネ大会の記念切手

一八九六年の四月六日から一五日まで、近代オリンピック第一回となるアテネ大会が開催されました。開会式がおこなわれたパナシナイコ・スタジアムには、各国の観衆が五万人もつめかけました。いよいよクーベルタンが心待ちにした日が来たのです。

Q1 どんな競技がおこなわれたのですか。参加者数はどのくらいでしたか。

A1 近代オリンピックは古代オリンピックを引き継いだものですが、競技種目は古代におこなわれていたものではなく、当時欧米でおこなわれていた競技が採用されました。しかし、国際的に統一された競技ルールはなく、どの国のルールを採用するのかが大問題でした。

実施された競技は陸上競技、体操、レスリング、射撃、フェンシング、自転車、テニス、水泳の八競技、種目数は四三でした。しかし、当時はどういうわけか重量挙げが体操のなかに入っていたので、これを別として数えると九競技となります。またヨット競技も予定されていましたが、当日の悪天候で中止になったとされます。

種目の内訳は、陸上競技が一二と一番多く、今日の陸上の種目と比較しても大差ありません。スポーツへの関心はまず走ることからはじまるのでしょうか。古代オリンピックでも、初期には走る競技しかおこなわれていませんでした。陸上競技はアメリカ合衆国（以後「アメリカ」と省略）の選手が強く、短距離走のスタートの写真を見ると、スタンディング・スタートのなかに、一人だけクラウチング・スタートのアメリカの選手がいます。

第一回大会の参加者は、一説では一四カ国から計二四一名とされますが、はっきりしません。これは初期のオリンピックは国家ではなく個人参加的なものだったため、正確な記録が残されていないからです。開催国ギリシアの選手が圧倒的に多く二〇〇人近く、続いてドイツ、フランス、アメリカの順ですが、これも正確な人数はわかりません。

そして、この第一回大会には古代のオリンピックと同様、女性*選手の参加はありません。クーベルタンは女性が積極的にスポーツをしたり、女性選手が観

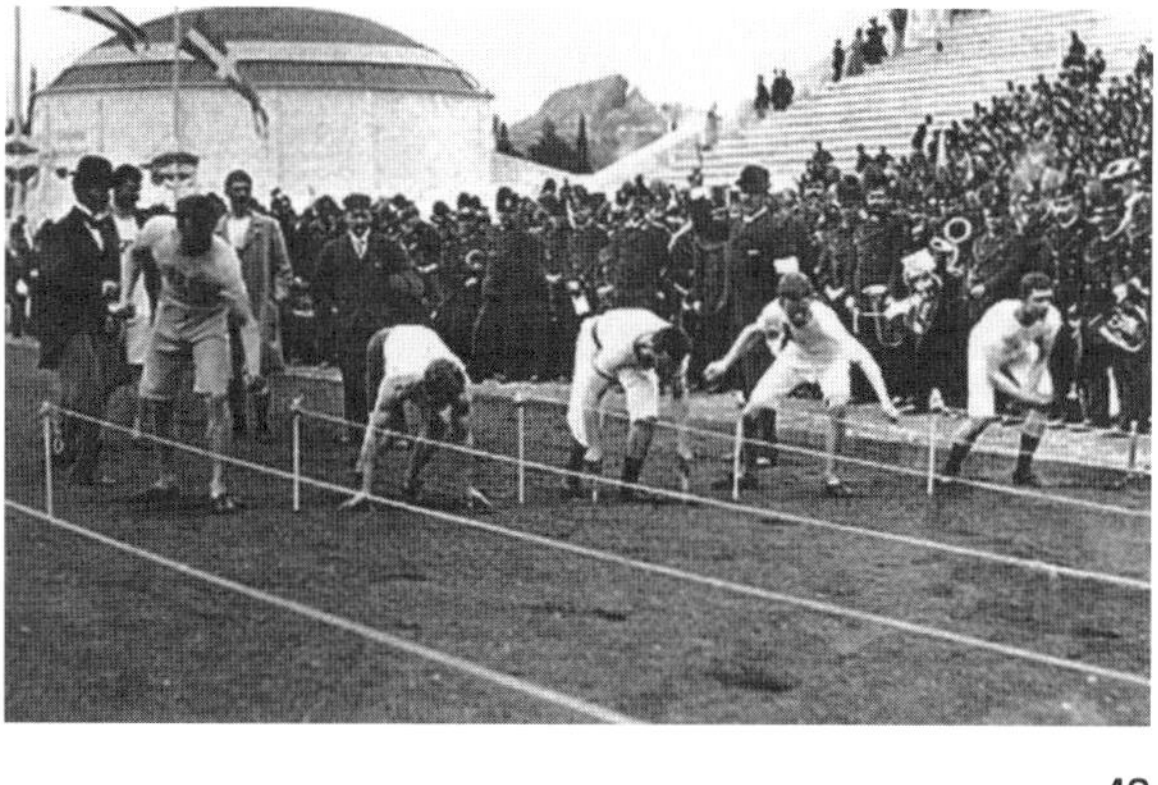

陸上一〇〇メートルで優勝したトーマス・バーク(左から二人目)。一人だけクラウチング・スタートをしている

*……自由と平等を求める市民革命ののちも、女性は「市民」のうちに数えられず、選挙権もなかった。当時も女性には家族に対する責任、市民の「よき妻」「よき母」となることが強く求められた。

客から見られたりすることを歓迎しなかったのです。それから一一〇年後、二〇〇四年の第二八回**アテネ大会では、どうだったでしょうか。

Q2 優勝者は金メダルをもらったのですか。

A2 第一回大会には金メダルはありませんでした。一位には「銀」、二位には「銅」のメダルが授与され、三位にメダルはなく賞状だけでした。メダルの大きさは直径四八・九ミリ、重さは六八グラム、表面にはアクロポリスの神殿、裏面には全能の神ゼウスと勝利の女神ニケが描かれていました。

金メダルがなかった理由は、スポーツは純粋に勝利のみを求めるものであり、高価な金を使う必要はないとされたからともいわれますが、当時のギリシアは開催さえ危ぶまれた財政難で、とても金メダルの準備をすることはできなかったようです。近代オリンピック最初の「金メダリスト」は、じつは銀メダリストだったのです。その選手は、大会最初の決勝種目だった三段跳びのジェームズ・コノリー（アメリカ）でした。

当時のメダルは首からリボンで下げるものではなく、手で受け取るものでした。首から下げるスタイルは、第三回セントルイス大会（アメリカ）で登場します。しかし、それもこのときだけで姿を消し、理由はわかりませんがふたた

**……二〇〇四年の第二八回アテネ大会では、一万五〇〇〇人の選手のうち女子は四〇〇〇人を超え、四〇パーセント以上となった。日本選手団は男子一四一人、女子一七一人であった。

第一回アテネ大会のメダル

び登場するのは一九六〇年のローマ大会（イタリア）で、それ以降定着することになりました。

一位から三位への金・銀・銅のメダル授与は第二回パリ大会からはじまり、規則*として決められたのは第四回ロンドン大会からです。現在、メダルは少なくとも直径六〇ミリ、厚さは三ミリであること、一位と二位のメダルは銀製で、一位のものは少なくとも六グラムの純金でメッキされたものと決められています。

*……金・銀・銅のメダルの授与の規定は、ロンドン大会前年の一九〇七年のＩＯＣ総会で決定された。

Q3 水泳競技はどこでおこなわれたのですか。

A3 水泳競技は、海でおこなわれました。アテネの南西にあるゼーア湾の入り江です。コースは旗で区切ったそうです。四月の海はまだ冷たく、ワセリンをからだに塗って泳いだ選手もいました。

一〇〇、五〇〇、一二〇〇メートルの自由形がおこなわれ、また水兵のみによる一〇〇メートル自由形がありました。四カ国から一九人の選手が参加しました。水兵の参加はギリシア人三人だけだったので、いまならば全員がメダリストということになります。

一〇〇メートルと一二〇〇メートルの二種目を制したのは、ハンガリーのア

第一回アテネ大会の水泳で優勝したアルフレード・ハヨーシュ

ルフレード・ハヨーシュです。一〇〇メートルの優勝タイムは一分二二秒二でした。現在は四〇秒台で優勝が争われていますので、いまの半分くらいのスピードで泳いでいたことになります。

ちなみにハヨーシュは、ハンガリー初のオリンピック金メダリストであるだけでなく、建築家として一九二四年の第八回パリ大会で、芸術競技*の建築部門で銀メダルを獲得しています（金メダルは該当者なし）。近代オリンピック史上、スポーツ競技と芸術競技の両方でメダルを獲得した唯一の人物です。

水泳競技は第二回パリ大会ではセーヌ川、第三回セントルイス大会では人工湖で実施されました。海や川、湖では、波や流れがあり、天候にも左右され、選手はたいへんだったことでしょう。

プールが登場するのは、一九〇八年のロンドン大会です。プールはメイン・スタジアムのフィールド部分を掘り下げてつくったもので、陸上競技を見るスタンドからの観戦となりました。本格的な五〇メートルプールでの水泳競技は、第八回パリ大会からです。

＊……一九一二年のストックホルム大会から一九四八年のロンドン大会まで、オリンピックには芸術競技があった。種目は絵画、彫刻、文学、建築、音楽などで、採点により順位が競われた。

第四回ロンドン大会で初めてプールが登場した

Q4 マラソン競技はアテネ大会から はじまったのですか。

A4 クーベルタンはオリンピックの復興にあたり、何か古代と近代を結びつけるものが必要だと考えていました。そこにマラソンのアイデアを提案したのが、長年の友人でソルボンヌ大学の言語学者だったミシェル・ブレアルでした。ペルシア戦争の故事にのっとって、アテネ北東の海辺の村マラトン*からアテネのパナシナイコ・スタジアムまで、約四〇キロを走るという競技です。

　この故事とは、前四九〇年、ペルシア戦争のマラトンの戦いでアテネ軍がペルシア軍に勝利したことを、ひとりの兵士がマラトンからアテネまで走って知らせ、報告後に息絶えたというもの。ギリシア人には特別の意味をもつお話です。しかしこの逸話は、マラトンの戦いを記したヘロドトスの著作にはなく、のちの時代につくられたものという説が有力です。

　一八九六年四月一〇日正午、二五人の選手がマラトンをスタートしました。照りつける太陽の下、はじめはフランスの選手が先頭に立ち、後半になるとイギリス留学中のオーストラリアの選手が、そしてゴールまで七キロに迫った地点でギリシアのスピリドン・ルイスがトップにたち、そのままゴールしました。いちやくギリシアの英雄となったルイスは羊飼いで、競技の経験はありません

＊……Marathon の英語読みからマラソンとなった。

第一回アテネ大会のマラソン優勝者、スピリドン・ルイス

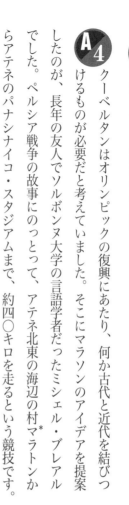

でしたが、走ることには自信があったので個人参加したのでした。タイムは二時間五八分五〇秒、のちに正確に距離を測定したところ、三六・七五キロだったといわれます。

その後の大会でも、マラソンの距離はまちまちで、現在と同じ四二・一九五キロとなったのは一九〇八年の第四回ロンドン大会です。この中途半端な距離**になった理由は、イギリス王室の都合で決められたなど諸説あり、明らかではありません。マラソンはオリンピックの最終日を飾る競技となりました。

＊＊……四二・一九五キロはマイル換算だと二六マイル三八五ヤードである。第四回ロンドン大会（一九〇八年）では、当初コースはウィンザー城前からシェファードブッシュ競技場までの二六マイルと決められていた。三八五ヤード増えた理由はいくつかあげられ、皇太子妃が部屋からスタートを見たいと言ったためにスタート地点がずれたという説、当初ゴールは競技場入り口だったため、王族などがいるロイヤルボックス前にゴールが移されたという説、入り口では格好がつかないので競技場内にゴールを移したという説などがある。

⑥ 近代オリンピックのあゆみ

第２回パリ大会のポスター。円の中には「万国博覧会」の文字がある

近代オリンピック第一回のアテネ大会は、大成功で終わりました。しかし、第二回大会はどうなるのでしょう。オリンピックを開催するには莫大な費用がかかります。二回目以降の大会を見てみましょう。

Q1 近代オリンピックは、最初から四年に一度開催されたのですか。

A1 四年に一度の開催は、第一回大会の二年前、一八九四年にソルボンヌ大学で開かれたオリンピック復興会議*で決められました。古代ギリシアの神々にささげるオリンピア祭が四年ごとに開かれていたからです。それは古代ギリシア人が使っていた暦《こよみ》に由来します。

*……会議の最終日である六月二三日にオリンピックの復興が採決され、ＩＯＣが設立された。これを記念して六月二三日は「オリンピック・デー」と定められ、世界各地でイベントがおこなわれている。

古代ギリシアでは、前七七六年の第一回オリンピア祭開催を紀元として暦がつくられました。つぎのオリンピア祭までの四年間は一オリンピアードと数えられ、オリンピア祭はオリンピアードの第一年目に開かれました。人びとは「第四オリンピアードの三年目」というように、オリンピア祭の開催を基準に時を数えたのです。日々の暮らしも人生も、過去や未来のオリンピア祭とともにあったことでしょう。

近代では一八九六年の第一回アテネ大会がオリンピアードの起点となり、第一オリンピアードの一年目となりました。オリンピックが中止されることがあっても、オリンピアードは止まらず、時を重ねていきます。

一方、冬季オリンピックはオリンピアードではなく、サイクルという単位で呼ばれます。**一九二四年の第一回冬季大会から、開催された回数だけを数えます。

さて、第一回アテネ大会が成功裏に終わると、感動したギリシア国王はギリシアでの永久開催を要求し、ギリシア国会も決議しました。しかし、国際性を重視するクーベルタンは、大会はかならず新しい都市で開催されてこそオリンピックの真価が発揮されると主張し、対立しました。

そこで、オリンピック大会の中間年にギリシアで特別に大会を開催することになりました。この中間大会は一八九八年に開催の予定でしたが、クレタ島を

第一回アテネ大会のポスター

**……一九四〇年の札幌大会、一九四四年のコルチナ・ダンペッツォ大会（イタリア）は戦争により返上・中止となったため、冬季大会の回数には入らない。

めぐる紛争のために見送りとなり、アテネ中間大会***が開催されたのは一九〇六年のことでした。しかし、この大会開催に反対したクーベルタンは欠席し、これ以降中間大会はおこなわれませんでした。

Q2 オリンピックははじめから単独の催しだったのですか。

A2 第二回パリ大会から第四回ロンドン大会まで、オリンピックは万国博覧会*（万博）のなかのひとつの催しとしておこなわれました。その大きな理由は、大会を独自に開催するだけの財源がなかったからです。

万国博覧会は、一八五一年にロンドンで第一回が開催され、一八八九年のパリ万博ではエッフェル塔が建設されるなど、多くの人びとが集い、世界の注目を集めるイベントになっていました。博覧会との共催は、多くの人にオリンピックを知らせる機会となりました。

万国博覧会に支えられた第二回パリ大会は、一九〇〇年の五月一四日から一〇月二八日まで、五カ月以上も続けられました。運営は博覧会側がおこない、プロの競技者による見世物などもおこなわれ、お祭り騒ぎのようだったといわれます。

大会は開会式も閉会式もなく、いつの間にか競技がおこなわれて終わったよ

***……一〇年前の第一回アテネ大会よりも多くの参加があった。参加国は二〇カ国を超え、参加選手も八〇〇人を超えていた。

*……日本でも一九七〇年に大阪で開催された。

第四回ロンドン大会開会式のイギリス選手団。この大会から国名のアルファベット順に国旗をかかげての入場がおこなわれるようになった

うです。一六競技がおこなわれ、約一〇〇〇人の選手が参加、競技技術や記録では新しいものがありましたが、博覧会のかげに隠れ、注目されませんでした。

一九〇四年の第三回**セントルイス大会も、アメリカでの万国博覧会の一部として実施されました。ヨーロッパ以外の地のため、ヨーロッパからの出場選手は少なく、アメリカの国内競技大会のようでした。しかしこの大会によって、アメリカ人はオリンピックというものを知ることができました。

Q3 女性はいつからオリンピックに参加したのですか。

A3 女性の初参加は、一九〇〇年の第二回パリ大会です。クーベルタンは女性の参加には断固反対でした。しかしパリ大会はパリ万博と共催になったため、IOCには大会運営の実権がなく、女性の参加が実現しました。

当時、スポーツは男性だけがするものと考えられていました。女性がスポーツをする姿は道徳的によくないこととされ、スポーツをすると出産に支障をきたすという考えまでありました。女性が参加を許された数少ない競技だったテニスも、スポーツではなく社交のひとつとされ、女性は首もとから手首足首までをおおう長いドレスでプレーしました。

初参加時の競技はこのテニスとゴルフですが、乗馬やヨットなどもあったと

**……クーベルタンは初めて大西洋を越えて開催されるオリンピックに期待していたが、セントルイス大会には参加しなかった。オリンピックが万博の余興のように扱われていたのが理由ともされている。

女性初の金メダリスト、シャーロット・クーパー

いう説もあります。参加者はイギリス、アメリカ、フランス、スイスから一二人といわれます。大会全体の参加者が約一〇〇〇人とされますから、いかに少ないかがわかります。

パリ大会は長期間にわたり、競技もポツポツとおこなわれたので、不明確なことがたくさんあります。女性初の金メダリストには、テニスのシングルスと混合ダブルスで二冠を制したイギリスのシャーロット・クーパー*、ゴルフで優勝したアメリカのマーガレット・アボットがあげられます。

フランスのアリス・ミリアは、オリンピックに女子陸上競技を導入するよう主張してIOCや国際陸上連盟と対立し、独自に一九二二年にパリで第一回女子オリンピック大会**を開催しました。この大会は「オリンピック」という名称の使用をめぐってIOCと対立し、第二回以降は国際女子競技大会と名称を変更して、第四回まで続きました。女子陸上競技がオリンピックに初めて導入されたのは一九二八年の第九回アムステルダム大会（オランダ）です。

二〇世紀のはじめまで、女性が力強さや速さを見せること、大勢の人びとの前で競うこと、短い袖《そで》や裾《すそ》、広い襟《えり》ぐりなどで肌を出すことは、不名誉で不道徳なことと広く考えられていました。また、競技は男性には可能でも、女性には不可能だとも考えられていました。これに反対する女性たちの挑戦や、第一次世界大戦時***の女性の社会進出、戦後の地位の向上などをへて、少しずつ、女

*……ウィンブルドン大会女子シングルスで一八九四年に初優勝し、計五回優勝した。

**……五カ国から六五人が参加し、三万人の観衆を集めた。

***……戦争の長期化によって多くの男性が戦場に送られるようになると、兵器工場の工員や電車の運転手など男性がやっていた仕事を女性がおこなうようになり、女性兵士も生まれた。戦後は多くの国で女性参政権が認められるようになった。

性も堂々とスポーツを楽しむことができるようになりました。この動きは女性が参政権を獲得していく時期と、ほぼ並行しています。

Q4 オリンピックの競技に綱引きがあったというのは本当ですか。

A4 本当です。綱引きは第二回パリ大会から第七回アントワープ大会（ベルギー）まで実施されました（第六回大会を除く）。ただし、綱引きという独立した競技ではなく、陸上競技の男子団体の一種目でした。最初の第二回大会では一チーム三人でしたが、第三回大会では六人となり、第四回以降は八人で競技がおこなわれました。

当時は現在とはちがって一カ国一代表制ではなかったので、ひとつの国から複数のチームが参加することができました。このため第三回セントルイス大会では、地元アメリカが金・銀・銅を獲得しました。続く第四回ロンドン大会ではイギリスから三チーム、アメリカとスウェーデンから各一チームが参加し、アメリカとイギリスのチームの争いが注目されました。結果は一位から三位までイギリスがメダルを独占することになりました。

ところが試合後、二位になったリヴァプールの警察官チームが、スパイクシューズをはいていたことが問題になりました。負けたアメリカから抗議が出

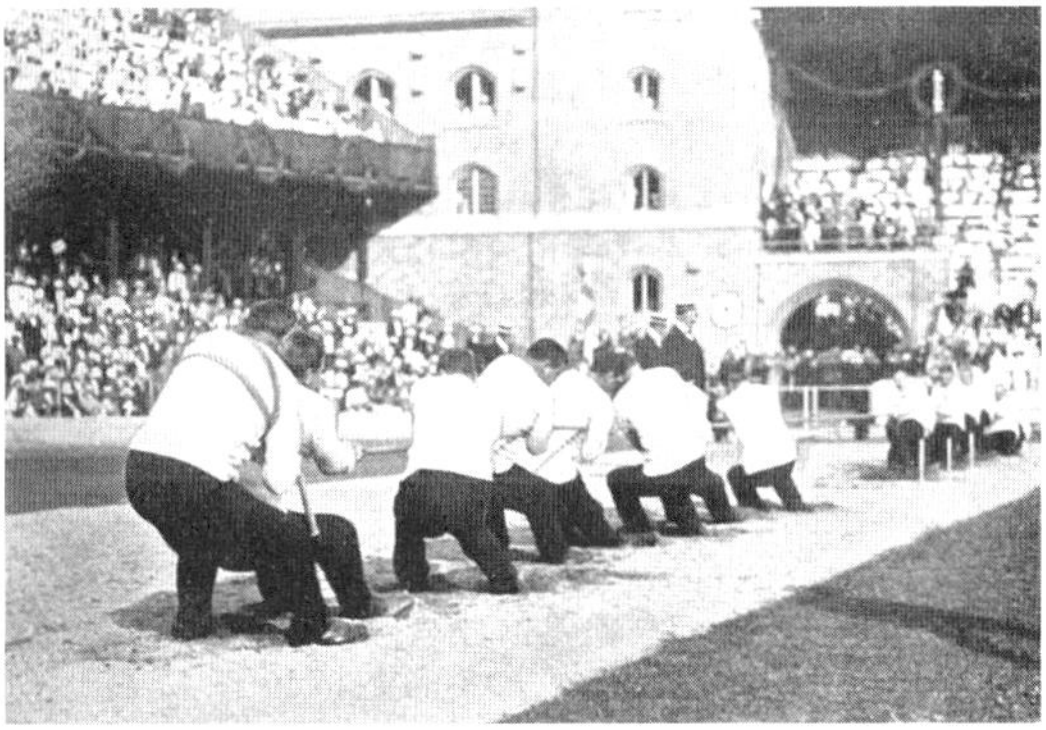

第五回ストックホルム大会（一九一二年）での綱引き競技

ましたが、審判団はこれを職務上必要な靴をはいていただけと退《しりぞ》けたのです。このため、アメリカチームは以後の試合を棄権します。この大会では他の試合でも、イギリスとアメリカが激しく対立していました。

ロンドンのセント・ポール寺院の日曜礼拝の説教で、アメリカから訪れていたタルボット主教がこの問題をとりあげました。そこには選手・役員たちが招かれていました。そして「オリンピックで重要なのは、勝つことではなく参加することである」*と述べたのです。この言葉に感銘を受けたクーベルタンは、イギリス国王招待の晩さん会のあいさつでこの言葉を引用しました。この言葉はクーベルタンによって広められ、有名になりました。しかしこれは彼自身の発言ではありません。

人気競技だった綱引き**がなぜなくなったのか、理由ははっきりしません。

Q5 冬季オリンピックはいつからはじまったのですか。

A5 第一回冬季大会は、一九二四年にフランスのシャモニーで開催されました。一六カ国から二五八人の選手が参加して、スキー、スケート、アイスホッケー、ボブスレー、カーリング、ミリタリーパトロール（バイアスロンの前身）など四競技一四種目がおこなわれました。

＊……主教のことばは "the Games themselves are better than the race and the prize. ... though only one may wear the laurel wreath, all may share the equal joy of the contest." であったという。

＊＊……国際綱引き連盟が二〇〇二年にIOCに加盟し、二〇一二年のロンドン大会で綱引きを復活させる動きがあったが、見送られた。国際競技としては、一チーム八名、その総体重による階級別で、時間制限なしで実施されている。

◆映画『クール・ランニング』（一九九三年、ジョン・タートルトーブ監督）

カルガリー冬季大会（一九八八年、カナダ）のボブスレー競技でのジャマイカチームの物語。雪の降らないカリブ海の島国が冬季大会に初参加した実話にもとづく。コメディタッチで描きながらも、冬季大会における欧米中心主義や、見え隠れする差別の問題を問い、参加することの意義を主張する。ジャマイカチームはその後も冬季大会に参加している。

しかしこうした冬の競技は、一九〇八年の第四回ロンドン大会ですでに登場していました。男女フィギュアスケートがおこなわれ、スウェーデンのウルリッヒ・サルコウが金メダルを獲得しています。何か聞き覚えのある名前ですね。そうです、フィギュアスケートのジャンプのひとつサルコウジャンプは、彼の名前からつけられました。

ロンドン大会は開催期間が約六カ月もあり、フィギュアスケートは閉幕まぎわの一〇月の二日間、屋内リンクでおこなわれました。一九二〇年のアントワープ大会でも、フィギュアスケートとアイスホッケーが実施されています。一九二一年のIOC総会で、フランス、スイス、カナダなどの委員から、冬季大会の独自開催が提案され、翌年の総会で一九二四年にシャモニーで試験的に実施することが決定されました。シャモニーはモンブランのふもとの町ですが、当時はホテルが一軒しかなく、シャトルバスを運行して観客を運びました。この大会の成功が評価され、翌年のIOC総会でシャモニー大会が第一回冬季大会としてあとから認められ、第二回大会を一九二八年にスイスのサン・モリッツで開くことも決められました。

冬季大会の誕生をきっかけに、一九二四年に国際スキー連盟（FIS）が創設され、翌年から世界選手権もはじまります。日本の冬季大会への参加は第二回サン・モリッツ大会からで、スキー選手六名と役員一名が参加しました。

第一回冬季大会のポスター

◆映画『白い恋人たち』（一九六八年、クロード・ルルーシュ監督）
グルノーブル冬季大会（一九六八年、フランス）の記録映画。せりふやナレーションはなく、フランシス・レイ作曲の同名のテーマ曲を背景に、競技や舞台裏を静かに芸術的に描く。臨場感のあるスキーの滑降は、カメラを股間に抱え、追って撮影したという。

7 近代オリンピックと日本

日本が初参加した第５回ストックホルム大会の入場式

近代オリンピックの第一回大会は一八九六年にギリシアのアテネで開催されました。この年は、日本では明治二九年、日清戦争勝利の直後です。台湾へ、朝鮮へと、植民地をもつ国への道をあゆみはじめたときでした。スポーツの分野では、日本はどのように列強諸国の仲間入りをしようとしたのでしょうか。

Q1 日本はいつからオリンピックに参加したのですか。

A1 日本の参加は、スウェーデンのストックホルムで開催された一九一二年の第五回大会が最初です。選手はマラソンの金栗四三《かなぐりしぞう》*と短距離走の三島弥彦《やひこ》の大学生ふたり、役員は団長の嘉納治五郎《かのうじごろう》、監督の大森兵蔵《ひょうぞう》**のふたりでした。四人は福井県の敦賀《つるが》から日本海をロシアのウラジオストックに渡り、シ

*……前回のロンドン大会を取材した大阪毎日新聞の相島勘次郎記者は、イタリアのピエトリの力走に感動し、「世界の一等国となるには軍艦の数だけでは足りない。日本も選手を送りたい」と記事で訴えた。翌年大阪毎日新聞社は、日本で最初にマラソンの名称を用いた「マラソン大競走」（約三二キロ）を主催した。

**……アメリカで体育学を学び、バスケットボールやバレーボールを初めて本格的に日本に紹介した。

ベリア鉄道でストックホルムに向かいました。日本から一八日の行程でした。

七月六日の開会式は国名のアルファベット順に行進し、日本はイタリアに続く九番目の入場でした（一〇番目という説もあります）。アルファベット順の行進は、前回のロンドン大会からのこと。行進には当時ストックホルムにいた京都帝国大学の田島錦治《きんじ》博士ほか一名も加わりました。

しかし、このとき、黒い足袋《たび》***をはいた金栗が掲げていたプラカードには、JAPANではなくNIPPONと書かれていました。おそらく、いろいろな主張や混乱があったのでしょう。

競技では、三島が二種目を最下位で敗退し、四〇〇メートル走の準決勝を前に疲労のため棄権、マラソンの金栗も途中で棄権****となりました。金栗は二六・七キロ地点で日射病のために意識を失い、道沿いの農家で介抱《かいほう》され、目を覚ましたときには競技が終了していたのです。当日のストックホルムは、気温四〇度に達する記録的な暑さだったといわれます。レース参加者六八人のうち三四人が途中で棄権し、倒れたポルトガルの選手は翌日に亡くなりました。

そして五五年後の一九六七年、金栗の記録が「棄権」ではなく「行方不明」となっていることがわかりました。スウェーデン・オリンピック委員会は、ゴールインしていない金栗をストックホルムに招待します。

七六歳の金栗は思い出のスタジアムをゆっくりと走り、ゴールテープを切り

***……明治時代の日本にマラソン用の靴はなく、底が布地の地下足袋を用いた。大会後、金栗は改良にとりくみ、ゴム底の「金栗足袋」を開発した。一九三六年ベルリン大会マラソン優勝の孫基禎も、戦後の一九五一年ボストンマラソン優勝の田中茂樹も足袋で走っている。金栗は長距離走者育成のため箱根駅伝（一九二〇年創設）を発案、またグリコキャラメルのゴールインマークのモデルのひとりともされる。

****……金栗のリタイアした地点には、一七キロ、二五キロ、二六・七キロ、三二キロなど諸説あり、また当日のストックホルムの気温についても諸説ある。

ました。そして日本人記者団が彼を囲むと、「長い道中でした。そのあいだに孫が五人できました」とユーモアたっぷりに語りました。

五四年と八カ月六日五時間三二分二〇秒というタイムは、現在も、そしてこれからも決して破られることのない、もっとも遅いマラソンの記録でしょう。

Q2 アイヌ民族がオリンピックに参加していたというのは本当ですか。

A2 日本人のオリンピックへの初参加はストックホルム大会ではない、一九〇四年にアメリカで開催された第三回*セントルイス大会だという考えがあります。この大会には、北海道から四人のアイヌ**が参加し、やり投げで三位、アーチェリーで二位になりました。

セントルイス大会はパリ大会と同様に、万国博覧会のなかで開催された競技会です。そして万国博覧会は、技術の進化と工業化による西洋文明の「進歩」を宣伝し、称賛する場でした。そのため、西洋の進歩***や発展をひきたて、対比させようとして、「未開」の民族の展示場もつくられました。白人ではない「未開」の民族の文化、風俗、生活を、まるでめずらしい動物の見せ物のように展示したのです。そしてオリンピックでも、特別に「未開」の民族による競技会が企画されました。

*……フランスからのルイジアナ（現在の一五州を抱える広大な領土）購入一〇〇周年を記念して、パリ大会と同じく万国博覧会のなかで開催された。初の北米大陸での開催だが、交通の不便さや日露戦争開始のためヨーロッパからの参加者が少なく、九一種目中四二種目はアメリカ選手のみでおこなわれた。

**……アイヌ民族は独自の言語、宗教、文化、歴史をもつ日本の先住民である。長いあいだ差別され、困難な生活を送ったが、二〇〇八年、国会はアイヌ民族が日本の先住民族であることを認める決議をした。

***……ミシシッピ川西岸のセントルイスは「未開の西部」の入口で、「文明」と「未開」の接点と考えられた。西部開拓の終了は一八九〇年とされる。

「未開」の民族の展示場から、アメリカの先住民であるスー族やプエブロ族、フィリピンのネグリトなどの少数民族、アフリカのピグミーやズールー族、そして日本のアイヌ民族が集められました。主催者側は、「未開」民族が人間ばなれしたスピードやスタミナ、筋力をもつことを示したかったようです。競技種目は競走ややり投げ、アーチェリーなど、ほぼ当時のオリンピックの競技種目と同じでした。しかし、競技の意味も知らされず、選手でもなく、練習もしていない彼らが、好記録を出せるはずはありません。

クーベルタンはセントルイス大会に出席しませんでした。その理由のひとつが、この「未開」****の民族の競技会だったともいわれます。彼は先住民や少数民族を見せ物にする民族差別に反対したのでしょうか。いいえ、オリンピックを広めるということとは矛盾するようですが、クーベルタンは白人以外の選手が参加するオリンピックを認めなかったのだという指摘もあります。

Q3 アジア初のIOC委員になった嘉納治五郎は、どんな人ですか。

A3 「柔道の父」といわれる嘉納治五郎は、柔術を学んで柔道をあみだし、一八八二年に東京下谷《したや》の永昌寺《えいしょうじ》に道場を開いて講道館を設立しました。また教育者としても知られ、学習院教頭、東京高等師範学校（現在の筑波大

第三回セントルイス大会でのアイヌのアーチェリー

****……先住民が参加したこの大会については、上村英明『新・先住民族の「近代史」』（法律文化社、二〇一五年）がくわしい。

学）の校長などをつとめ、柔道の普及はもとより日本の体育・スポーツの発展につくしました。

　日本がオリンピックに参加したきっかけは、クーベルタン*の友人で駐日フランス大使のジェラールが、嘉納に話をもってきたことでした。一九〇九年には、嘉納は日本で最初、アジアでも最初のＩＯＣ委員になり、ストックホルムで開催される第五回大会への参加を要請されます。

　オリンピックの参加には、まず国内オリンピック委員会（ＮＯＣ）をつくることが必要です。嘉納は一九一一年、当時スポーツの中心になっていた大学関係者らの協力を得て、ＮＯＣにあたる大日本体育協会（現在の日本体育協会**）を設立し、初代会長となりました。そして翌年のストックホルム大会に、みずから団長として参加しました。

　この後、嘉納は日本でのオリンピック開催招致に取り組み、一九三六年にベルリンで開催されたＩＯＣ総会で、一九四〇年の東京大会の招致に成功しました（後述）。一九三八年、嘉納はエジプトのカイロで開催されたＩＯＣ総会に出席、東京大会の準備状況を説明しましたが、その帰国途上の五月四日、横浜到着の二日前に氷《ひ》川《かわ》丸の船内で肺炎のために亡くなりました。七七歳でした。

*……クーベルタンはオリンピックを欧米以外にも広めるため、アジアの日本に注目した。その背景には日露戦争での日本の勝利があった。一九〇八年、クーベルタンは友人の駐日フランス大使ジェラールに、適切なＩＯＣ委員の推薦を依頼した。

**……一九八九年、日本オリンピック委員会は日本体育協会から分離・独立した。

嘉納治五郎

Q4 日本人女性で最初にオリンピックに参加したのは誰ですか。

A4 一九二八年の第九回アムステルダム大会に出場した人見絹枝《ひとみきぬえ》です。この大会の日本人選手は四三名ですが、女性はただひとりでした。その人見が女子八〇〇メートル走で二位に入賞し銀メダルを獲得、初参加で日本人女性最初のメダリスト*となりました。つぎのロサンゼルス大会では、女子参加選手は一挙に一六名に増えます。しかし当時は、スポーツは男性のもの、女性がスポーツをするのは慎《つつ》しみのないこと、太ももを見せて走るなどとんでもないことと考えられていた時代でした。

人見は一九〇七年に岡山県御津郡《みつぐん》（現岡山市）の農家に生まれ、岡山高等女学校**四年生のときに県大会の走り幅跳びで優勝しました。四メートル六七の記録は、非公認ながら当時の日本記録でした。その後、二階堂体操塾（現在の日本女子体育大学）に進学し、岡山県の大会では三段跳びで一〇メートル三三という当時の世界記録（非公認）を出しました。

一九二六年、彼女は大阪毎日新聞社***に望まれ入社しました。運動部の新米の記者として働きながら練習を続け、走・跳のみならず、投てき競技でも、数々の記録****をうちたてました。一九二八年のアムステルダム大会では女子の

*……この大会では先に織田幹雄が三段跳びで優勝し、日本最初の金メダリストとなった。

**……当時は運動用の衣服や靴がなかったので、女学生は膝下で体操袴の裾を縛り、白い帽子に白足袋をはいて競技した。人見は身長一七〇センチ、白足袋は一二文半（二七センチ）のため入手に苦労したという。

***……一九二八年のアムステルダム大会開会式に感激した人見の発案で、毎日新聞社主催の選抜中等学校野球大会（現在の選抜高等学校野球大会）では、一九二九年から校名を記したプラカードの使用と、勝利校の校旗掲揚、校歌演奏が開始された。

****……一九二六年にスウェーデンのヨーテボリで開催された第二回国際女子競技大会に一九歳の人見は一人出場し、走り幅跳び、立ち幅跳び優勝、円盤投げ二位、一〇〇ヤード走三位、個人総合優勝をはたし、世界に知られるようになった。また人見はヨーロッパでの見聞や人びととの交流から刺激を受け、スポーツのあり方や女性の生き方への考えを深めた。

個人種目****すべてにエントリーしましたが、本命の一〇〇メートル走準決勝でまさかの敗退。人びとの期待を負い背水の陣となった人見は、未経験の八〇〇メートル走に出場し、歴史に残る壮絶なレース（コラム5参照）のすえ、世界タイ記録で二位となりました。

その後は一九三〇年のプラハ（チェコスロヴァキア）の第三回国際女子競技大会参加をめざして、仕事と練習、後輩選手の育成、遠征費などの資金集めに奔走《ほんそう》しました。大会では三日間に七種目もの試合をこなし、走り幅跳び優勝、個人総合二位、リレー四位という立派な成績をおさめました。スタンドは「ヤポン（日本）、ヒトミ」の大声援で湧きました。ところが、日本ではこの結果を不充分、「敗戦」とみなし、帰途の船上の人見には、新聞紙面や手紙の非難の声が襲《おそ》いかかりました。

帰国後まもない一九三一年八月、人見は肺炎のため二四歳の若さで亡くなりました。チェコの首都プラハ郊外の国立墓地には、人見の死を悼《いた》む記念碑があります。ジャーナリストでもあった人見は、多くの著作も残しました。

****……一〇〇メートル走、八〇〇メートル走、円盤投げ、走り高跳び。当時、得意の走り幅跳びは種目になかった。

第九回アムステルダム大会、八〇〇メートル走でリナ・ラトケ（右）と競り合う人見絹枝

8 近代オリンピックと話題の選手

デューク・カハナモク（右）とジョニー・ワイズミュラー

第二回大会から第四回大会までのオリンピックは、万国博覧会の一部としておこなわれました。一九〇八年の第四回ロンドン大会からは、多くの選手が各国の国内オリンピック委員会（NOC）を通して参加するようになり、開会式でも国旗をもって入場行進をするようになりました。

Q1 「ジム・ソープ事件」とはどんな事件ですか。

A1 ジム・ソープは、一九一二年の第五回ストックホルム大会で五種競技*と十種競技**で優勝した、アメリカのオクラホマ州出身の陸上選手です。アメリカ先住民の血が流れるソープは炭鉱町で育ち、小さいときからスポーツ万能で、野球やフットボールでは大人顔負けのプレーを見せていました。

*……一九一二年のストックホルム大会、一九二〇年のアントワープ大会（ベルギー）、一九二四年のパリ大会の男子正式種目で、走り幅跳び、円盤投げ、二〇〇メートル走、一五〇〇メートル走、やり投げの五種目を一日で競技した。

**……一九〇四年のセントルイス大会から採用された男子の正式種目で、二日間でおこない、その記録を得点に換算して合計得点で競う陸上競技である。一日目は一〇〇メートル走、走り幅跳び、砲丸投げ、走り高跳び、四〇〇メートル走。二日目は一一〇メートルハードル、円盤投げ、棒高跳び、やり投げ、一五〇〇メートル走をおこなう。

オリンピックの表彰式では、スウェーデン国王がソープを「世界最高の選手」と称賛し、帰国した彼をアメリカ大統領も「アメリカ市民最高の代表」と讃《たた》えました。「走る、跳ぶ、投げる」という五種競技と十種競技は、陸上競技の花形種目でした。

ところが翌年、彼がアマチュア***規定に違反したとして、二つの金メダルをはく奪される事件が起きました。報酬のために競技をするプロ選手はオリンピックに参加してはいけない、という当時の決まりに違反していたとされたのです。ソープは、オリンピックの前にプロ野球の試合に出場し、一試合二ドル程度の報酬を得ていたことがあったのでした。ソープはアマチュア規定のことは知らなかったと説明しましたが、認められませんでした。その後、彼はプロ野球の選手となり、またプロのアメリカンフットボールやバスケットボールのチームでもプレーをしました。

一九五〇年、AP通信がアメリカのスポーツ記者を対象におこなった「二〇世紀前半の最高の競技者は誰か」という調査で、ソープは圧倒的な支持で「最高の競技者」に選ばれました。その三年後、ソープは心臓発作のため六四歳で亡くなりました。彼の記念碑と墓地がつくられたペンシルヴェニア州の町は、彼の名前を取り「ジム・ソープ」と名づけられています。

ソープの死から二〇年後の一九七三年、アメリカ体育協会は彼の名誉を完全

***……スポーツ大会への参加資格を「アマチュアに限る」という規定はイギリスで生まれた。アマチュアとは生計をたてる手段として競技に参加したことがない者をさした。一九世紀末には各競技団体がアマチュア規定をもつようになっていた。スポーツからいかなる報酬をも得てはならないという規定は、当時は職人や労働者を大会から排除することを意味した。

第五回ストックホルム大会（一九一二年）でのジム・ソープ

に回復させました。一九八二年にはＩＯＣもソープの名誉回復を決定し、名誉回復を訴えつづけてきた遺族に二つの金メダルを返還しました。

Q2 オリンピックに出場したサーファーがいるというのは本当ですか。

A2 ハワイ・オアフ島のワイキキ・ビーチには、大きなサーフボード*を背にしたデューク・カハナモクの銅像が立っています。彼はサーフィンを世界に広めたことで知られますが、水泳の選手としてオリンピックにも出場しました。

＊……デューク愛用のボードは、丈夫な木材ハワイアン・コア製のロングボードで、長さ四・八メートル、重さが五二キロあったという。

ハワイ先住民のカハナモクは、カヌーや水泳を得意としていました。彼は海を競泳コースとする競技会で驚異的な記録を出して注目され、オリンピックの代表権を獲得します。一九一二年の第五回ストックホルム大会では、一〇〇メートル自由形で優勝。八〇〇メートルリレーでも準優勝しました。一九二〇年の第七回アントワープ大会（ベルギー）でも一〇〇メートル自由形で優勝、リレーも優勝。つぎのパリ大会の一〇〇メートル自由形では準優勝でした。

カハナモクは有名なサーファーですが、ただ名手だっただけではありません。彼はワイキキに友人と最初のサーフィンクラブをつくり、サーフィンのルールを考え、ウィンドサーフィンや二人乗りサーフィンも最初にはじめたといわれ

ハワイ、ワイキキ・ビーチのデューク・カハナモク像

ます。

サーフィンはハワイでは昔から活発に楽しまれていましたが、一九世紀はじめに来島した白人のプロテスタント宣教師は、不道徳な遊びだとして禁じました。カハナモクたちは、先住民の文化であるサーフィン**を、二〇世紀のはじめにスポーツとして復活させたのです。また彼は名門のカヌークラブも創設し、先住ハワイ人の文化が高い評価を得る基盤をつくりました。

Q3 オリンピックのメダリストにノーベル賞受賞者はいますか。

A3 平和賞の受賞者がひとりいます。一九二〇年の第七回アントワープ大会の陸上一五〇〇メートル走で銀メダルを獲得した、イギリスのフィリップ・ベーカー（のちに*フィリップ・ノエル＝ベーカー）です。

彼は一八八九年に、信仰心のあついクエーカー教徒の家に生まれました。クエーカーはプロテスタントの一派で、絶対平和主義などを特色とし、多くの良**心的兵役拒否者を出しています。

ノエル＝ベーカーは学生時代、一九一二年の第五回ストックホルム大会の一五〇〇メートル走に出場していましたが、そのときは六位に終わりました。その屈辱《くつじょく》をはらそうと猛練習に取り組みましたが、つぎのベルリン大会は第一次

**……二〇二〇年の東京大会に向けて、大会組織委員会は開催都市が提案できる追加種目のひとつにサーフィンをあげ、ＩＯＣに提案した。

*……妻の姓「ノエル」を加え、改姓した。

**……戦争反対などの信念をつらぬくために、徴兵される義務を拒否する人。

世界大戦のため中止となりました。戦後おこなわれた一九二〇年のアントワープ大会のとき、彼はすでに三一歳でした。しかし八年間のブランクをものともせず、ノエル＝ベーカーは、一位の同じイギリスのヒルに、わずか二メートル遅れてゴールインしました。

　この成績は、第一次世界大戦後に外務省からパリ講和会議に派遣され、創設された国際連盟の事務局で激務をこなしながら得たものでした。スポーツも国際政治も、世界平和を築くものだったのです。また、短い期間ですがロンドン大学の国際関係論の教授もつとめました。その後は労働党の下院議員となり、いくつもの内閣で大臣を歴任しました。

　大戦で兵士となることを拒否して衛生兵（軍での医療担当者）となり、悲惨な戦場を目にした彼は、長く平和運動に取り組み、一九八二年に九二歳で亡くなる直前まで、軍縮と核兵器廃絶を説きつづけました。国際連合の設立に力をつくし、日本***にもたびたび訪れて原水爆禁止運動にもかかわり、一九五九年にノーベル平和賞を受賞しています。その賞金の大半は軍縮運動の基金として寄付されました。平和運動家としての彼を知る人は、彼が銀メダリストだったことを知らない人も多いかもしれません。

フィリップ・ノエル＝ベーカー

***……広島経済大学にはノエル＝ベーカーの記念碑がある。

Q4 映画スターになったオリンピック選手はいますか。

A4 映画に出演したオリンピック選手はたくさんいますが、俳優として一番有名なのはジョニー・ワイズミュラーでしょう。

彼は一九〇四年に現在のルーマニア*で生まれ、子どものときに家族でアメリカに移住しました。からだを鍛えるためにYMCA（キリスト教青年会）で水泳を学び、一九二二年にはデューク・カハナモクがもつ一〇〇メートル自由形の世界記録を更新しました。一九二四年の第八回パリ大会と、そのつぎのアムステルダム大会の水泳自由形で、合計五個の金メダルを獲得しています。

オリンピックののちワイズミュラーは、たくましい逆三角形型のスタイルの良さが評価されて、下着メーカーのモデルになると同時に、映画に初めて出演しました。そして一九三二年の『類人猿ターザン』で半裸のターザン役を演じ、注目をあびます。これは孤児となりアフリカのジャングルで野生児として育った、超人的な能力をもったくましい青年ターザンの物語でした。

原作は小説ですが、映画は一九一八年からつくられ、いろいろな俳優がすでにターザンを演じていました。『類人猿ターザン』の主役も、じつは前の年にハーマン・ブリックスに決まっていたのです。彼もアムステルダム大会に出場

*……当時はオーストリア・ハンガリー帝国。

映画『ターザンの逆襲』（一九三六年）の宣伝用カード

したオリンピック選手で、砲丸投げの銀メダリストでした。ところが、彼が別の作品の撮影中に骨折し、そのためワイズミュラーにターザン役がまわってきたのでした。

ワイズミュラーのターザン映画は大ヒットし、一九四八年の『絶海のターザン』まで合計一二本つくられました。なお、ブリックスのターザン映画も二本つくられています。一九九九年にもターザンのアニメ映画が公開されました。

9 ファシズムとオリンピック

ベルリン大会、競技場に入場するヒトラー（右から3人目）

オリンピックは平和をかかげてはじまりました。第一次世界大戦（一九一四〜一九一八年）が起きたとき、オリンピックはどうなったでしょうか。大戦のあとには世界恐慌が起き、ファシズムが台頭してきます。一九三六年の第一一回ベルリン大会（ドイツ）は、それまでにない大規模な「世紀の祭典」となりました。しかしそれは、政治がその目的のためにスポーツを利用した典型的な例となりました。

Q1 第一次世界大戦のとき、オリンピックは開かれたのですか。

A1 一九一二年にストックホルムで開催されたIOC総会で、一九一六年のオリンピックをドイツのベルリンで開催することが決定されました。ドイツ帝国議会は、政府が大会運営資金に補助を出すことを決議します。それまでの大会では、個人の寄付や宝くじによって資金がまかなわれていました。

ところが二年後の一九一四年、第一次世界大戦がはじまりました。クーベルタンとIOCは、オリンピックは政治に左右されない、独立したものという幻想を抱いていました。しかしドイツは「味方と中立国の選手団のみをオリンピックに迎える」という声明を出しました。

結局、ベルリン大会は中止となりました。数カ月で終わると考えられていた戦争は長期化し、総力戦へと拡大したのです。クーベルタンはこの経験から、国境を越えるオリンピックの運動は中立国に基盤をおいたほうがよいと考え、一九一五年にIOCの本部をパリからスイスのローザンヌに移しました。

戦後のヴェルサイユ条約では、ドイツに過酷な講和条件が押しつけられ、一九二〇年の*アントワープ大会にドイツは参加できませんでした*。ベルリンはその前年に開催地に立候補し、ドイツは一九二八年のアムステルダム大会から復帰しました。

アムステルダム大会でのドイツのメダル獲得数は、アメリカに次いで二位。この目覚ましい活躍に招致活動はいっそう高まりました。一九三一年、IOC総会は一九三六年のベルリン開催を決定します。ヒトラー政権が誕生したのは、その二年後の一九三三年のことでした。

＊……ドイツ、オーストリア、ハンガリー、トルコは敗戦国のため参加を許されなかった。「平和の祭典」には出る資格がないということだろうか。第二次世界大戦直後のロンドン大会でも敗戦国のドイツと日本は参加できなかった。

◆映画『炎のランナー』（一九八一年、ヒュー・ハドソン監督）

パリ大会（一九二四年）に出場したイギリス陸上競技選手たちをモデルに、大学教育、走ることの目的、アマチュアリズム、宗教、差別等をテーマに描く。一九七〇年代後半からジョギングが健康法として提唱され、走ることへの関心が広がった。

Q2 ヒトラーは、いつからオリンピックの開催に積極的だったのですか。

A2 ヒトラーの率いる政党ナチスは、一九二〇年代には、連合国がドイツにヴェルサイユ条約を押しつけたという理由から、連合国の選手とドイツの選手が競技することに反対し、またスラヴ人や黒人、ユダヤ人など彼らが「人種的劣等《れっとう》民族」だと考える人びとと競技することにも反対していました。それが変わりだしたのは、一九二八年のアムステルダム大会後のことです。

首相に就任したヒトラーは、当初オリンピックの開催に積極的ではありませんでした。その彼にオリンピックの政治的な利用価値を説いたのが、ナチスの全国スポーツ指導者オステンと宣伝相ゲッペルスだといわれます。ヒトラーは説得され、それ以前の大会では考えられなかった大がかりな大会の開催を決断しました。

まず、一〇万人もの収容能力のあるメインスタジアムの建設が決定されます。*資材はコンクリートではなく、豪華な自然石が多く使われました。すぐ隣には一万八〇〇〇人を収容できるプールなどが建設されました。

大会の前年にはベルリンの博物館でオリンピック展が開催され、その後はドイツ各地を巡回《じゅんかい》してオリンピックを宣伝しました。国民みなの関心と支持を集

＊……ローマのコロッセオや東京ドームの収容人数は約五万人。

＊＊……テレビ中継は家庭の受像機ではなく、ベルリン市内を中心とする二八カ所の劇場やホールに設置された受像機にケーブルで送信された。テレビの走査線は一八〇本、現在のハイビジョンテレビの一一二五本にははるかに及ばず、映像はぼんやりとした輪郭しかわからないほど不鮮明だった。

めようというのです。トラックがトレーラーを牽引《けんいん》し、その展示室には、スポーツ関係の写真とともにナチスの旗もありました。ベルリン市内は花で飾られ、民宿二五万室が指定され、オリンピック初のテレビ放映**のためのホールも準備されました（ただし、結果的には満足な画像は得られませんでした）。

訪れた外国人は、完璧***に演出された開会式に感心し驚くと同時に、あまりにも多い兵士の数と、ヒトラーに対する人びとの興奮に、恐れと不安を感じました。大会期間中は反ユダヤ主義につながるポスターなどの宣伝物は撤去《てっきょ》され、焚書《ふんしょ》****されたはずの作家の本が書店に並びました。

Q3 アメリカはベルリン大会をボイコットしなかったのですか。

A3 ナチス政権下で開かれるベルリン大会に対して、各国の対応には複雑なものがありました。ソ連とスペインは不参加を決定し、ヨーロッパ諸国やアメリカではボイコット運動が起きました。ドイツではユダヤ人への迫害が深刻な状況になっていたからです。ユダヤ人は公職から追放されて仕事を奪われ、公園や劇場の利用などごく当たり前の自由も制限され、スポーツでも競技団体から排除され、プールも使えず、限られた場所で仲間内でしかプレーはできなくなっていました。

***……スタジアムの上空を飛行船が飛び、ヒトラーの登場とともにトランペットがファンファーレを奏で、三〇〇〇人の合唱団と楽団をリヒャルト・シュトラウスが指揮した。選手団の入場後、聖火ランナーが登場し、ナチス・ドイツの旗の先端を握ったドイツの選手が、ヒトラーに向かって選手宣誓をおこなった。

****……マルクスやハイネ、レマルク、ケストナーなどのナチスの思想にあわないとされる本やユダヤ人の著作が大量に焼かれた。思想弾圧のひとつ。

Narodowe Archiwum Cyfrowe, sygn. 1-M-878-96

ベルリン大会、聖火リレー最終ランナーのシルゲンと、ナチス式敬礼をする観衆

一九三三年にウィーンで開かれたＩＯＣの委員会で、アメリカの委員は、大会を別の都市で開催すべきだと主張しました。アメリカではユダヤ人だけでなく、多くの人がボイコットの声をあげていました。これに対しドイツは、アメリカの黒人差別をとりあげて反論しました。一方でアメリカには、強力なアメリカチームを送り圧勝しようという声もあり、最終的には選手団を送ることになりました。

アメリカの参加はヒトラーを喜ばせました。ドイツ・オリンピック委員会はユダヤ人選手を一時的にドイツチームの一員に加えるなど、ユダヤ人に対する迫害を、大会期間中は表向き目立たないようにとどめました。

大会はそれまでで最大の参加国と選手を集め、大会の成功はヒトラーやナチスに対する評価を高めることになりました。外国人客はナチスに感銘を受けて帰国し、ナチスに批判的だった人たちは沈黙するようになります。

ベルリン大会はのちに「ナチス・オリンピック」「ヒトラーのオリンピック」と呼ばれるようになりました。

Q4 ベルリン大会の記録映像があるのですか。

A4

ベルリン大会の記録映画として、『民族の祭典』と『美の祭典』の二部作（まとめて『オリンピア』と呼ばれます）があり、たいへん有名です。監督は三三歳のレニ・リーフェンシュタール。彼女はナチス党大会を記録した映画『意志の勝利』でヒトラーに気に入られ、ナチスの全面的な支援のもとに製作に取り組みました。

四五人ものカメラマンからなる撮影隊は、飛行船ツェッペリン号の上、ゴムボートの上、撮影のためにフィールドに掘られた穴の中からと、ありとあらゆる場所からレンズを向けました。迫力ある画面をつくるため、リハーサルをさせられた選手や、競技後に撮り直しされた選手もいました。監督はできごとの正確な記録よりも、表現や芸術性を重視したのです。

映画は一年半をへて一六カ国版の編集がなされ、一九三八年に公開。各国で多くの観客を集め、大ヒットしました。映像の美しさと斬新さ、国別の編集が、人びとを魅了したのです。

しかし、この映画をボイコットしようという運動も生まれました。作中ではナチスの旗が称賛をこめてひるがえり、賛美されるヒトラーが映し出されていました。この映画はナチス政権を美化し、その宣伝に一役買ったのです。

第二次世界大戦後、この作品はナチス賛美のプロパガンダ*映画とされ、監督のリーフェンシュタールも批判されました。しかし、今日でもこの映画の芸術

ベルリン大会でのレニ・リーフェンシュタール（右）

*……政治的な意図をもつ宣伝、広報活動。

性についての評価は高く、この作品を超えるオリンピック映画は生まれていないともいわれます。

リーフェンシュタールは一九七〇年代以降、アフリカのヌバ族の写真集などを出して注目されましたが、「ナチスの協力者」というイメージは消せないまま、二〇〇三年に一〇一歳で亡くなりました。

◆映画『オリンピア』（一九三八年、レニ・リーフェンシュタール監督）

ＩＯＣ公式の最初の長編記録映画。ナチス政権の代表的なプロパガンダのひとつとして知られる。冒頭シーンの円盤投げ、砲丸投げなど選手が裸体でおこなうポージングは、生きたギリシア彫刻のように芸術性高く表現され、古代ギリシアとドイツ、アーリア人種優越主義とのつながりを提示する。競技に熱中して観戦するヒトラーの姿も多く挿入され、ドイツ人はヒトラーとの一体感を強く感じたことだろう。競技後の撮り直しも含め、さまざまな技法で描かれた身体美、運動美は、ナチスの理想の美でもあった。

10 戦争とオリンピック

ベルルリン大会の聖火リレー

「ナチス・オリンピック」とも呼ばれるベルリン大会は、さまざまな意味で歴史に残る大会となりました。ドイツが第二次世界大戦（一九三九〜一九四五年）を引きおこしたのはその三年後ですが、戦争の準備は大会当時からはじまっていました。

日本はベルリン大会に選手一七九人、役員七〇人という大選手団を送りました。つぎの一九四〇年の東京大会に備えてのことでした。

Q1 聖火リレーはベルリン大会からはじまった、というのは本当ですか。

A1 古代オリンピックに聖火*リレーはありませんでした。一九三六年のベルリン大会からはじまったものです（ただし、大会期間中に競技場に火を灯《とも》すことは、一九二八年の第九回アムステルダム大会からおこなわれていました）。

＊……英語で一般にthe Olympic Torch、the Olympic flameと言うように、外国語では「聖なる」という意味はふくまない。

聖火リレーを考案したのはナチス政権の宣伝省で、具体的には、著名な学者でベルリン大会の組織委員会事務総長をつとめたカール・ディームが考えました。彼は時が隔《へだ》てる古代と現代を、オリンピアの火で結ぼうと考えたのです。

大会開催の二週間前、古代オリンピックの開催地オリンピアで、古代風の衣装をつけた一五人のギリシア人の女性たちが、太陽光から火を得る採火の儀式をおこないました。光を集める巨大な凹面鏡はドイツの光学器製造会社ツァイスが、トーチ（たいまつ）はドイツを代表する兵器会社クルップが製作したものです。

聖火は三〇七五人のランナーによって運ばれ、ギリシアから北へ、ブルガリア、ユーゴスラヴィア、ハンガリー、オーストリア、チェコスロヴァキアと経由して、ベルリンの聖火台に到着しました。このコースは組織委員会が下見を重ねて決めたものですが、三年後ドイツが第二次世界大戦を起こすと、ドイツ軍はこのコースを逆に南下して侵攻しました。

多くの人を巻き込み、厳《おごそ》かに創り出された聖火リレーは、オリンピックを政治的に利用しようとしたナチスの最高のプロパガンダとなりました。ドイツ人、すなわちナチスが「優秀な民族」とするアーリア人は、古代ギリシアの継承者であるとのイメージが生まれ、古代ギリシアの栄光がナチスに結びつけられたのです。開会式では、近代オリンピック第一回アテネ大会のマラソン優勝者ス

ベルリン大会聖火リレーのポストカード。オリンピアとベルリンを結ぶルートを背景にナチスが理想とした青年が描かれている

ピリドン・ルイスが、オリンピアから運んだオリーヴの小枝をヒトラーにささげました。

　このため戦後、「平和の祭典」オリンピックが、戦争と結びついた聖火リレーを続けるのか、それともやめるのかが大問題となりました。ＩＯＣは議論のすえ、ベルリン大会の感動を主張する存続派の声によって、戦後最初の第一四回ロンドン大会では継続することになりました。

Q2 ベルリン大会に対抗して別のオリンピックが開かれた、というのは本当ですか。

A2 反ナチス、反ファシズムの立場にたつ人びとは、八月のベルリン大会に先立つ一九三六年七月、スペインのバルセロナで国際的なスポーツ大会を開く準備をすすめていました。

　バルセロナがその会場となったのは、ファシズムと戦争に反対する人民戦線が選挙で勝利し、スペインに新しい政権が生まれたこと、カタルーニャ*自治政府が開催を支持したこと、またオリンピック開催地をベルリンと競い、準備ができていたことからでした。

　大会は「人民オリンピック」と呼ばれるようになりました。参加を表明したのは、ヨーロッパ**を中心とする二三カ国一一競技、六〇〇〇人の選手たち。参

＊……スペイン北東部の独自の歴史・文化・言語をもつ地域・民族。バルセロナはその中心都市。

＊＊……スペインに続いて人民戦線政府が成立したフランスは、スペインの四〇〇〇人に次ぐ一五〇〇人が参加した。陸上、水泳、サッカー、バスケットボールなどの競技種目のほか、チェスの大会や芸術の展示会などのイベントも用意された。

加は国単位ではなく競技種目単位で、国際的な組織が協力して有力選手や審判を派遣した競技もあります。また自分の意志で参加したドイツやイタリアの選手もいました。

スポーツを利用して人びとを戦争に駆り立てたり、ユダヤ人を差別したりするナチスを批判して、自由と民主主義を守ろうとする人びとが、友情と平和のためにこの人民オリンピックに集まったのです。

しかしスペインでは開催日の直前、フランコ将軍ら軍部が各地で反乱を起こしました。貴族、教会、地主、資本家の支持をもとに、人民戦線政府を倒そうというのです。こうしてスペイン全土で戦闘がはじまり、人民オリンピックは中止となりました。

このとき外国から参加していた選手たちのなかから、帰らずにスペインに残り反乱軍と戦おうという義勇兵があらわれました。彼らはスペイン政府を守って戦い、計五五カ国、のべ四万三〇〇〇人に達したとされる国際旅団***のはじまりとなりました。

Q3 「消された日の丸事件」とは、どんなできごとですか。

人民オリンピックのポスター

***……スペイン戦争時に編成された外国人義勇兵たちの部隊。作家のヘミングウェーやアンドレ・マルロー、ジョージ・オーウェルらも参加し、作品を発表した。

A3

一九三六年八月九日、ベルリン大会では晴天のもとマラソン競技がおこなわれました。一位は孫基禎《ソンギジョン》、二位はハーパー（イギリス）、三位は南《ナム》昇龍《スンニョン》でした。胸に日の丸をつけた孫と南は、日本の植民地とされていた朝鮮半島出身の選手です。

表彰式では日の丸が上がり、君が代の演奏が流れました。しかし孫は下を向いたままでした。そして人びとにサインを求められると彼は朝鮮半島の略地図を描いて「KOREA」と記し、ハングル文字で名前を「손기정（孫基禎）」と書きそえました。彼はまた、日本選手団本部が準備した祝賀パーティ*にも出席しませんでした。

八月一三日、朝鮮の新聞『東亜日報』が表彰台の孫選手の写真とともに優勝を伝えると、朝鮮半島には大きな喜びと興奮が広がりました。そして二五日、『東亜日報』は今度は「栄誉のわが孫君」との見出しで、ユニフォームから日の丸を修正削除した写真を掲載したのです。

日本政府（朝鮮総督府**）はただちに『東亜日報』の社員を逮捕しました。同紙は停刊処分とされ、厳しい取り調べののち、社長以下関係者一〇人以上が職場追放となりました。日の丸を消した写真の掲載は、植民地下の屈辱的な現実に対する朝鮮民族の抵抗運動のひとつでした。

それから五二年後の一九八八年九月、アジアでは二回目のオリンピックが韓

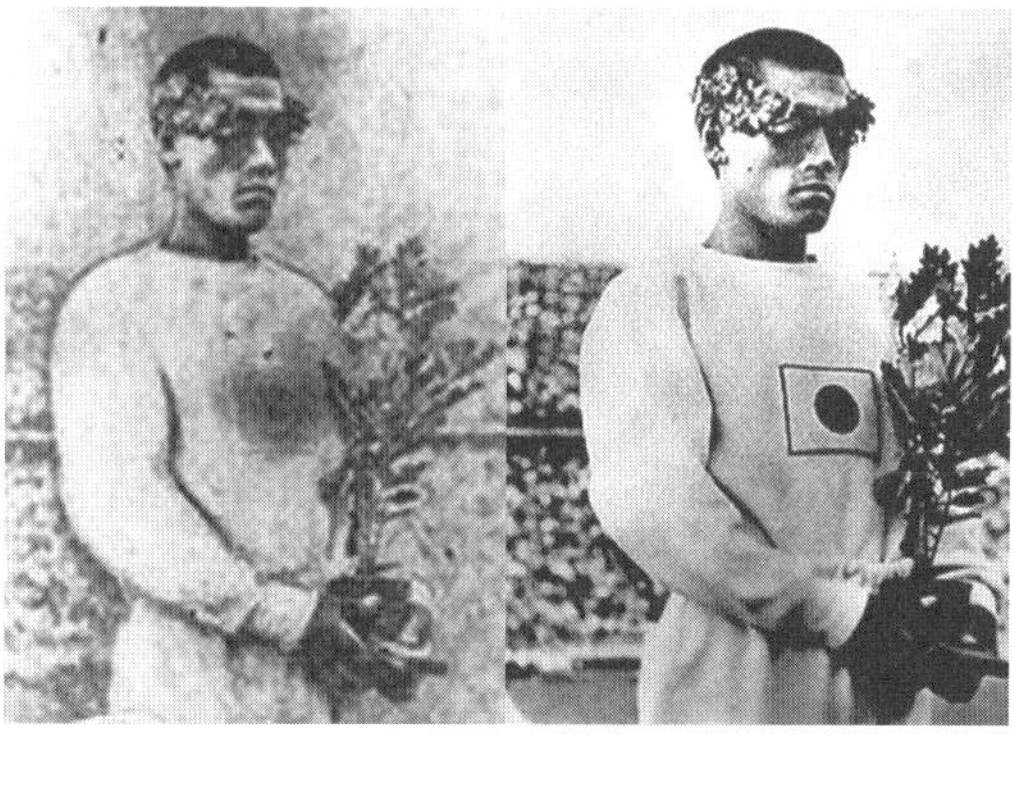

マラソンで優勝した孫基禎のユニフォームには日の丸がついていたが（右）、後日『東亜日報』は日の丸を消した写真を掲載した（左）

＊……このとき孫は代わりに、ベルリンにいた朝鮮人同胞を訪ね、そこで初めて祖国朝鮮の旗「太極旗」を見た。豆腐屋を営んでいたその人は、伊藤博文を殺害した安重根のいとこだといわれる。

＊＊……日本の朝鮮支配のための役所。一九一〇年の韓国併合から一九四五年の日本の敗戦まで設置。朝鮮半島を統治する朝鮮は、一八九七年に国の名称を「大韓」と改めたが、日本は併合後「朝鮮」と呼んだ。

国のソウルで開催されました。このとき七六歳の孫基禎は、聖火をスタジアムに運び入れるランナーの栄誉をつとめ、大きな拍手をあびました。

オリンピックの公式記録では、いまも孫の国籍は「日本」***のままになっています。生前、孫は「日本オリンピック委員会が国籍変更を申し出てくれれば解決するはず」と語っていました。

Q4 一九四〇年の東京大会は開かれなかったのですか。

A4 一九三一年一〇月、東京市議会は一九四〇年の第一二回大会の東京*招致を決定しました。当時一九四〇年は神武天皇**即位から二六〇〇年たつお祝いの年とされ、その「紀元二千六百年記念」事業のひとつとしてオリンピックをおこなうためでした。

この前月の九月一八日には満州で、日本の関東軍によって柳条湖《りゅうじょうこ》事件が起こされていました。日本での開催に対し、IOCのなかには、遠い船旅やシベリア鉄道の長旅が選手の負担になるという声がありました。これに対し嘉納治五郎らは、オリンピック運動にとってアジアでの開催は大きな意義があると強く訴えました。

一九三六年、ベルリン大会の直前に開かれたIOC総会では、フィンランド

***……ベルリンのオリンピックスタジアムの金メダリストの名を記した石版にも「JAPAN」と刻まれており、一九七〇年に韓国人によって削られたが復元された。

*……当時は通常、同年・同一国で夏季・冬季大会が開催されていたため、日本側は第五回冬季大会の札幌開催も希望した。しかし、このときすでにアマチュア資格問題でIOCと国際スキー連盟の対立があり、一九三八年のカイロでの総会で札幌開催がようやく決定された。

**……『日本書紀』の神話の記載をもとに、明治政府は紀元前六六〇年（縄文時代）に神武天皇が即位したと換算した。

のヘルシンキと競い、三六票対二七票で東京開催が決定されました。最有力候補だったイタリアのローマは、事前に日本のIOC委員が最高権力者ムッソリーニに直《じか》談《だん》判《ぱん》し、辞退させることに成功していました。また、当時のラトゥールIOC会長を日本に招待して日本支持へと動かしたり、日本との関係を重視するヒトラーの後押しもあったりしたといわれます。

しかし一九三七年に日中全面戦争がはじまり、中国の首都南京を占領した際の大虐殺事件が報道されると、欧米では日本に対する批判の声があがりました。IOCのなかにも、中国選手に対する対応や各国のボイコット運動から、東京開催に対する不安が広がります。他方、日本では、競技場建設に必要な鉄材の確保が戦争によって難しくなり、戦争を優先する軍の意向も無視できなくなりました。

結局一九三八年七月、大会***を返上することが決定されました。オリンピックはベルリン大会をきっかけに、国際政治や国策と切り離せないものとなりました。ナチスがオリンピックをナチスの宣伝と強いドイツを誇る場として徹底的に利用したように、日本も利用しようとしましたが、当時の状況ではもはやそれは不可能なことでした。

東京朝日新聞
時局安定の後に開催
萬國博覧會遂に延期
近く内外に正式聲明
外相から延期打電
オリンピック大會中止
木戸厚相返上を聲明
食糧共給の確保に
獅子山砲台

東京開催の返上を伝える一九三八年七月一五日付の『東京朝日新聞』夕刊。同年開催の万国博覧会は延期、札幌冬季大会も返上された

***……東京の返上を受けてIOCは第一二回大会をヘルシンキ、冬季をスイスのサン・モリッツ（のちに変更）とし、一九四四年の大会をロンドンと決定する。しかし第二次世界大戦により、いずれも中止となった。

Q5 「友情のメダル」とは何ですか。

A5 日本のオリンピックメダリストのなかにも、アジア太平洋戦争の戦場で亡くなった人たちがいます。たとえば一九三二年ロサンゼルス大会（アメリカ）の馬術で優勝した西竹《たけ》一《いち》は、硫黄島《いおうとう》で戦死しました。

ベルリン大会の棒高跳びで三位になった大江*季雄《すえお》も、二七歳でフィリピンで戦死しました。彼の試合は「友情のメダル」の話でよく知られています。

一九三六年のベルリン大会の棒高跳び**競技は、八月五日の午前一〇時開始、夜九時すぎ終了という、たいへんな試合でした。それも小雨が降るなかを、夜間照明に照らされて競技を続けたのです。優勝は四メートル三五を跳んだアメリカのメドウスでした。つぎは四メートル二五で、日本の西田修平と大江季雄でした。ふたりの二位、三位決定戦となりますが、すでにかなりの時間が経過し、夜の寒さのなかで選手の疲労は明らかでした。

そこで競技本部は、一回目でクリアした西田を二位、二回目でクリアした大江を三位と判定しました。また、同じ日本人だからと大会本部が日本選手団に順位決定を一任したという説もあります。

西田は、そのようなルールはつぎの大会から適用されるもので、今回のルー

＊……大江はアジア太平洋戦争開始直後の一九四一年末に、フィリピンで戦死した。彼はベルリン大会で使用したスパイクを戦地にまで持参していたと伝えられている。

＊＊……映画『オリンピア』の棒高跳びの決勝シーンは、実写ではない。競技が延びて日没後となったため、別の日にあらためて撮影された。

大江季雄（左）と西田修平

ルではふたりとも二位のはずだと主張しましたが、認められませんでした。

表彰では二位の台に大江が立ちました。西田は抗議の意味で、また前回のロサンゼルス大会で銀メダルを取っていたので、大江を立たせたともいわれます。西田は銀メダルも大江に渡し、のちにデパートの松坂屋に依頼して、ふたつのメダルを半分ずつつなぎあわせた「銀・銅メダル」をつくりました。それを知った人びとは、これを「友情のメダル」***と呼びました。

ふたりは先輩にあたる西田が早稲田大学、大江が慶應義塾大学というライバルでしたが、ベストをつくした相手をたがいに讃えて記念としました。

***……現在大江のメダルは秩父宮記念スポーツ博物館に、西田のものは母校の早稲田大学に保存されている。なお秩父宮記念スポーツ博物館は、二〇一四年から国立競技場改築工事のため新国立競技場が完成するまで長期休館。

◆映画『不屈の男　アンブロークン』（二〇一四年、アンジェリーナ・ジョリー監督）

貧しいイタリア移民の子として生まれたルイ・ザンペリーニの実話の映画化。彼は高校生でベルリン大会アメリカ代表選手となり、五〇〇〇メートル走決勝で注目をあびた。その後第二次世界大戦で爆撃機の乗員となり、撃墜されて太平洋を四七日間漂流。日本軍の捕虜となってからは、収容所での執拗で過酷な虐待を二年近く生き抜いた。最終場面には収容所生活を送った直江津を、一九九八年の長野オリンピックで本人が聖火ランナーとして走る実写が添えられ、長い時間をかけて戦争によるＰＴＳＤと憎悪を克服したことが暗示される。

11 第二次世界大戦後のオリンピック

戦後初のロンドン大会開会式

第二次世界大戦が終わって、すでに七〇年が経過しました。終戦直後、オリンピックは二度とできないだろうともいわれました。しかし、一九四八年の第一四回ロンドン大会から二〇一二年の第三〇回ロンドン大会まで、戦後一七回の夏季大会が開催され、冬季大会は二〇一四年のソチ大会（ロシア）で一八回を迎えました。

Q1 ロンドンではたびたびオリンピックが開催されているのですか。

A1 いままで三回もオリンピックを開催したのは、ロンドンだけです。一九〇八年、一九四八年、二〇一二年に開催しました。一九四八年のロンドン大会は、第二次世界大戦後最初のオリンピックでした。しかしこの大会には、日本とドイツは戦争責任国ということから招かれていません。

七年にもわたった世界大戦のため、戦勝国といってもイギリスの経済は破たん寸前でした。選手村の建設はあきらめ、兵舎や学生寮が使われました。それでも参加五九カ国、参加者四〇一四人という数字は過去最高で、戦争終結の喜びと復興への期待が見られます。

一回目の一九〇八年大会は、人びとの関心がオリンピックに集まりはじめたときでした。このときはまだ万国博覧会との同時開催でしたが、多くの選手がNOCの組織を通してエントリーし、飛び入りのような参加者はいなくなりました。また開会式が実施され、国旗を先頭に立てた入場行進も、この大会からはじまりました。しかし、帝国主義政策をすすめる列強諸国が勢力を争っていた当時、この方式は国家間の対立をあおりました。実際、イギリスとそれを追って経済力、軍事力で力をつけていたアメリカは、いくつかの競技でトラブル*を起こし、激しく国民感情を逆立てました。

三回目の二〇一二年の大会開催は、パリとの決戦投票で決まりました。ロンドン郊外にスタジアムなどを含む広大なオリンピック公園がつくられ、参加者は一万人以上、二六競技三〇二種目が実施されました。女子のボクシングが新たに種目に加わり、プロのサッカー選手で構成されたイギリス**代表チームが参加しました。女子***サッカーでは日本が銀メダルを取りましたね。これは日本が初めて参加したロンドン大会でした。

一九四八年ロンドン大会での聖火の入場

*……53ページ参照。

**……イギリスはイングランド、ウェールズ、スコットランド、北アイルランドの四つの地域からなる連合国家である。したがってサッカー協会も四つにわかれ、統一チームは通常存在しなかった。自国開催となるロンドン大会では、難航のすえ統一チームが結成されたが、イングランドとウェールズのみの選手で構成された。

***……女子サッカーは一九九六年のアトランタ大会より正式種目となった。

Q2 ソ連*が初めてオリンピックに参加したのは、戦後のことですか。

A2 ソ連は一九一七年のロシア革命によって生まれ、一九九一年まで続いた社会主義の国です。当初、社会主義国はソ連ひとつで、資本主義の国々のなかで国際的には孤立していました。

オリンピックへの参加は第二次世界大戦後の一九五二年、第一五回ヘルシンキ大会が最初です。ヘルシンキはソ連の隣国フィンランドの首都で、国境を接するフィンランドは、革命前のロシア帝国の時代から強い影響を受けてきました。

初参加のソ連は、アメリカに次ぐ金メダル二二個を含む七一個のメダルを獲得しました。そしてこの大会以降、米ソのメダル獲得競争が激しくなりました。冷戦という厳しい政治的対立が、スポーツ競技にもあらわれたのです。ソ連はスポーツで圧倒的に勝利することによって、社会主義体制が資本主義体制よりも優れていると国内外にアピールしようとしました。

ソ連では一九三〇年代に、国民の健康増進と労働や戦争に備える目的で、体**育教育が導入されました。同時にエリート***選手の育成にも力をそそぎました。優れた運動能力をもつ子どもたちが選抜され、特別の指導を受け、選手強化の

*……正式名称はソビエト社会主義共和国連邦、一九二二年に成立。

第一五回ヘルシンキ大会の記念切手

**……ロシアのプーチン大統領は二〇一四年に、ロシア国民の体力増強のため、労働と戦争に備えるというソ連時代の体育教育を復活させた。

***……東ドイツ、チェコスロヴァキア、ルーマニアなどの社会主義国でも同様だった。

ために膨大な資金と科学的成果が投入されました。エリート選手にはさまざまな特権が与えられ、メダリストには自動車や家、終身年金などが保障されました。国家が全面的にかかわって育てた社会主義国の選手たちを、資本主義国は「ステート・アマ」****と呼びました。

ソ連は日本のようなひとつの国ではなく、一五の共和国からなる巨大な連邦国家でした。その後ソ連はさまざまな問題に対応できなくなり、一九九一年に崩壊します。ただちに独立したバルト三国を除く一二カ国は、旧ソ連合同チームとして、一九九二年のアルベールビル冬季大会（フランス）とバルセロナ大会（スペイン）に参加しました。そして一九九四年のリレハンメル冬季大会（ノルウェー）からは、各国ごとの参加となりました。そのなかでは、ソ連の多くを引き継いだロシアの選手の活躍が目立ちます。

Q3 戦後日本が初めて参加した大会で、大きな話題となったことは何ですか。

A3 日本が戦後初めて参加したのは、一九五二年のヘルシンキ大会です。このとき人びとがもっとも期待したのは、数々の記録を立て「フジヤマのトビウオ」と呼ばれた水泳選手、古橋廣《ひろ》之《の》進《しん》（コラム1参照）でした。しかし、彼は病気の後遺症に悩まされ、選手としての全盛期も過ぎていて、予選通過が

****……ステート（国家）が国家政策のもとに支援、育成するアマチュア選手という意味。

戦後初参加のヘルシンキ大会では、石井庄八（レスリング）が金メダルを獲得した。写真は胴上げされる石井

やっとでした。

この大会ではソ連の活躍もありましたが、一番注目されたのはチェコスロヴァキアの陸上選手、エミール・ザトペックでしょう。彼はこの大会で、一万メートル走をロンドン大会に続いて連覇、五〇〇〇メートル走とマラソンでも金メダルを獲得しました。マラソンは初挑戦で、三種目すべてがオリンピック新記録でした。長距離三冠という記録は、今後誰にも達成できないだろうといわれます。

この偉業《いぎょう》の背景には、彼が創始した全力疾走とジョギングをくりかえすインターバル・トレーニングがあったといわれます。顔をしかめ、あえぎながら走るスタイルから、彼には「人間機関車」のニックネームがつけられました。

妻のダナ・ザトペコワも陸上の選手で、ヘルシンキ大会のやり投げで金メダルを獲得しています。このとき彼女は、ザトペックが先に獲得した金メダルをお守りに借りて優勝したというエピソードもあります。

ザトペックは一九六八年の「プラハの春」の際には、女子体操のチャフラフスカらとともに、自由化を求める「二千語宣言」に署名しました（コラム6を参照）。そのためソ連軍のチェコ侵攻のあと陸上の世界から追放されたりしましたが、一九八九年のチェコの民主化によって名誉を回復しました。

「人間機関車」エミール・ザトペック

Q4 ローマ大会では古代遺跡が競技会場になったのですか。

A4 ローマでは一九〇八年の第四回大会が予定されていましたが、財政事情もあり開催地を返上しました。その後ムッソリーニ政権時、一九四〇年の大会に立候補しましたが、東京にゆずって立候補を取り下げます。そしてようやく一九六〇年の第一七回大会の開催地となりました。

ローマ大会は前例のないことばかりでした。会期は暑い盛りの八月下旬から九月上旬で、強い日差しを避けるために、午後三時から夜にかけて競技がおこなわれました。大会のために新しい競技場もつくられましたが、古代の遺跡も使われました。

レスリングは、四世紀にローマ皇帝マクセンティウスが建設を命じたバシリカ（公会堂）跡が会場です。体操は、三世紀に建設されたカラカラ浴場跡に大テントを張った、外からも見える半屋外の会場でした。当時、体操は屋外競技だったのです。しかしローマ大会を最後に、以後は完全に屋内競技となりました。戸外での体操競技は風や日差し、雨などの影響を受け、さぞ選手はたいへんだったことでしょう。

競技最終日の九月一〇日午後五時半、マラソンがスタートしました。市内カ

カラカラ浴場跡

◆映画『ミルカ』（二〇一三年、ラケーシュ・オームプラカーシュ・メーラ監督）

ローマ大会（一九六〇年）四〇〇メートル走決勝。金メダルを期待されていたインドのミルカ・シンは、ゴール直前、あることが原因で四位に転落する。なぜ意識の集中が途切れたのか。帰国後の彼を追いながら、パンジャブ州を舞台に、インド・パキスタンの分離独立にさかのぼるその理由が明らかにされていく。存命のミルカは映画化による利益は求めず、収益の一割をスポーツ選手のためのチャリティ基金に寄付することを希望した。

ンピドリオの丘のミケランジェロ広場を出発、郊外に出てローマ時代のアッピア街道を戻る*三角形のコースです。ゴールはコロセウムに近いコンスタンティヌス帝の凱旋門でした。アッピア街道はローマ軍が遠征する際の軍用道路で、まさに「戦争の道」です。オリンピックはそれを「平和の道」にしようとするものでした。

この大会では、マラソンのアベベ（コラム2参照）の優勝や、日本男子体操の団体総合優勝などがありました。しかし何と言っても、ソ連の圧倒的なメダル獲得数が印象的です。金メダルはソ連四三に対しアメリカ三四、メダル総数はソ連一〇三、アメリカは七一でした。冷戦のもと、ソ連では国家が勝利を求め、選手を支援して練習に専念させました。

Q5 選手が使う靴などは、メーカーが提供しているのですか。

A5 世界的なスポーツ用品メーカー、アディダスをご存じでしょう。そのはじまりはドイツ南部の小さな町で、アドルフとルドルフの*ダスラー兄弟がはじめた製靴《せいか》会社でした。しかし、ふたりは第二次世界大戦をきっかけに仲たがいし、弟アドルフはアディダスを、兄ルドルフはプーマを創始します。

その後、アディダスとプーマは、たがいをライバルに猛烈な競争をくり広げ

*……通常オリンピックのマラソンは、オリンピック・スタジアムがスタートおよびゴールとなる往復コース。

*……ベルリン大会の陸上で四つの金メダルを獲得したジェシー・オーエンスは、ダスラー社のスパイクをはいていた。アディダスという名称は、アドルフの通称アディとダスラーを組み合わせたもの。

ました。その舞台となったのがオリンピックです。もし自社のシューズをはいた選手が勝利すれば、大きな宣伝効果が得られ、売れゆきが増大します。両社は選手に自社のシューズをはいてもらう競争に突入しました。

第一六回メルボルン大会（一九五六年、オーストラリア）でアディダス**は、スパイクシューズを選手に無料***で配布しました。当時お金がない選手にとって、スパイクシューズは高嶺《たかね》の花でした。つぎのローマ大会では、プーマが一流選手に自社のスパイクシューズを提供しはじめます。そして、その裏では多額の金が選手に渡されるようになりました。

当然、当時オリンピックの出場選手は、金銭の受けとりは厳禁されていました。東京大会（一九六四年）では競争はいちだんと激しくなります。ローマ大会で裸足で走ったマラソンのアベベは、東京大会****ではプーマの靴をはいていました。アディダスとプーマにとって、オリンピックは巨大なビジネスの場になり、多額*****の金が水面下で行き交わされる場となったのです。メキシコシティ******大会（一九六八年、メキシコ）ではいっそう激しい競争が展開され、サッカーのワールドカップにおいても同じことが起きました。一九七〇年代からはジョギングブームに乗ってアメリカのナイキが台頭し、特定の有名選手を使うことによって、販売を拡大しました。その代表がバスケットボールのマイケル・ジョーダンです。

**……一九八〇年代、アディダス社はサマランチIOC会長にオリンピック・マークをビジネスとして活用することを提案。今日のスポンサー制度のもととなった。

***……シューズの無料提供は、当時のアマチュア規定でも許容される範囲内とされた。

****……東京大会ではオニツカタイガー（現アシックス）や美津濃（現ミズノ）といった日本ブランドも登場した。アベベはローマ大会後オニツカタイガーのシューズを提供されていた。プーマに変わった経緯は明らかでない。

*****……バーバラ・スミット『アディダスvsプーマ――もうひとつの代理戦争』（ランダムハウス講談社、二〇〇六年）にくわしい。

******……陸上競技の一流選手に対する水面下での報酬の支払いは、メキシコシティ大会で初めて表面化した。大会期間中、アメリカオリンピック委員会会長が、業者から金品を受けとった選手がいることを、記者会見で認めたのである。

column

コラム——1

1 水泳 古橋廣之進
（ふるはし・ひろのしん／一九二八〜二〇〇九年）

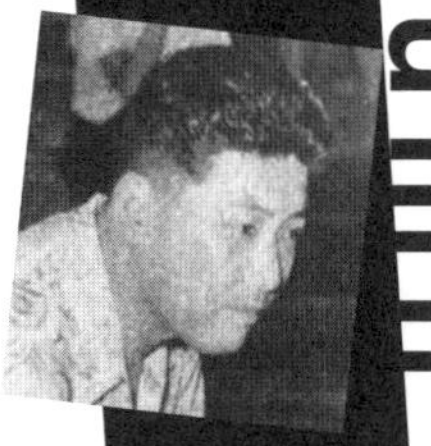

戦後しばらくのあいだ、日本はスポーツの国際大会に参加できませんでした。もっとも早く復帰を認められたのが水泳です。水泳は、戦前の三つ*のオリンピック大会で一〇個の金メダルを獲得した、日本の得意競技でした。

一九四九年八月、日本は占領軍の許可を得て、ロサンゼルスの全米水上選手権に出場。その一五〇〇メートル自由形予選で、古橋廣之進が世界記録を四〇秒も更新する大記録を出しました。二位のアメリカ選手との開きは一八〇メートル。その圧倒的な強さは世界を驚かせ、ラジオや新聞で知った日本中の人びとを大喜びさせました。さらに彼は四〇〇、八〇〇、一五〇〇、八〇〇リレーと、大会すべての出場種目で世界**新記録を出して勝ちました。

二〇歳の古橋は身長一七四センチ、体重七一キロ、肺活量六〇〇〇CC。アメリカ人から見れば、打ち負かした旧敵国日本の小柄な水泳選手です。しかしアメリカは彼を「フジヤマのトビウオ」***と呼んで称賛し、つぎつぎに好成績をあげた橋爪四郎****、田

*……アムステルダム大会、ロサンゼルス大会、ベルリン大会。

**……戦後、古橋は各種目で三三回の世界新記録を出した。

***……"flying fish of Fujiyama" アメリカの新聞が付けたニックネーム。Fujiyama（富士山）は「日本」の代名詞。

****……一五〇〇メートル決勝では、古橋とこのふたりが一位から三位までを独占した。

中純夫らもあたたかくもてなしました。

古橋は静岡県浜松市の生まれ。浜名湖で泳ぎ、小学六年生で学童新記録を出しました。しかしその翌年に日米開戦となり、勤労動員中に機械に左手を巻き込まれ、中指を第一関節から切断。水をかいても水が抜けてしまう、水泳選手としては致命的な怪《け》我《が》を負いました。それを彼は、泳法の工夫と猛練習によって克服したのでした。

アメリカでの日本選手の大活躍は、敗戦後の日本の大きな希望*****と誇りとなりました。しかし、そうした人びとの気持ちを理解したうえで、古橋は後年「お国のためと思って泳いだつもりはない。……努力の楽しさ、といってもよい。それは自己との戦いで、日本の戦後を背負って泳いだわけではない」と記しています。

古橋はオリンピック記録とはついに無縁でした。大切な若い一〇代を戦争中に送り、一九四〇年の東京大会は戦争のため返上、戦後最初の一九四八年ロンドン大会は、日本とドイツの参加を認めませんでした。一九五二年のヘルシンキ大会のときには選手としての全盛期を過ぎた二四歳。四〇〇メートル自由形で八位に終わりました。

引退後、彼は毛織物会社のバイヤーとして世界を駆けまわる一方、選手育成に情熱をそそぎました。ヘルシンキ大会から北京大会まで、役員としてすべての夏季大会に参加し、八〇年の生涯のうち六〇年近くをオリンピックとともに歩みました。

*****……一九四九年一一月、湯川秀樹博士のノーベル物理学賞受賞も、日本国民の明るい希望となった。

column

column

コラム——2

2

マラソン

アベベ・ビキラ

(Abebe Bikila／一九三二〜一九七三年)

スポーツ選手は、酸素の薄い高地でよくトレーニング*をします。そのきっかけは一九六〇年ローマ大会のマラソンで優勝をさらった無名の新人、エチオピア**のアベベ・ビキラ選手の活躍でした。アベベの金メダルは、アフリカの黒人初の金メダルです。一九六〇年は「アフリカの年」といわれ、アフリカの国ぐに一七カ国が植民地支配と闘って独立した年でもありました。アベベの優勝はエチオピアだけでなく、アフリカ***の人びとの喜びと誇りとなりました。

アベベ・ビキラは小作農の家に生まれ、ヤギの乳を兄と分けあって育ちました。一九歳のとき、皇帝ハイレ・セラシエ一世****を警備する親衛隊員となりましたが、それは貧しさから逃れるためでした。ここでスウェーデン人コーチのニスカネンに見いだされ、長距離走の科学的なトレーニングを重ねました。

子どものころから裸足でフットボールをし、野山を駆けまわっていたアベベには、クロスカントリー走も特別なことではありません。足裏は厚く固く、デコボコ道も暑

*……酸素を体内に運ぶ機能が高まり、持久力を増す効果があるとされる。

**……エチオピアは熱帯に位置するが、国土の大半は標高二〇〇〇メートル前後の高原地帯で、四〇〇〇メートルの山々もある。首都アジスアベバの年間平均気温は一七度。

***……七位もエチオピア、二位と八位はモロッコの選手で、上位八位中四人をアフリカの選手が占めた。

****……一九三〇年即位。一九三六年イタリアの侵入を受けイギリスに亡命。第二次世界大戦により一九四一年イギリスがイタリアを撃退後、復位して独裁をおこなう。一九七四年、軍のクーデタにより廃位。

さも平気でした。ローマ大会では裸足で走り、人びとを驚かせましたが、これは試合直前に靴が壊れたので、足にあわない靴で走るより裸足がよいとの判断からでした。

市内のゴールへ向かうアッピア街道は、古代ローマ帝国時代につくられたものです。その黒い敷石の上を、裸足のアベベは疲れも見せず走りつづけました。いつスパートをかけ並走者を振り切るか。彼が目印にしたのは、カペーナ門広場にそびえ立つオベリスク。それはイタリア*****がエチオピアを侵略した際に持ち去った、石の記念碑でした。

夜の暗闇を沿道のトーチが照らすなか、アベベは独走し、ゴールのコンスタンティヌスの凱旋門をくぐりました。タイムは二時間一五分一六秒二、当時の世界最高記録でした。

二〇数年前にイタリアの植民地にされていたエチオピアの選手が、ローマで優勝した意味は特別です。エチオピア国民は熱狂し、アベベは帰国後初めて皇帝に面会し、金メダルを献上しました。軍人の位も昇進します。

さらに東京大会でも優勝し、マラソン種目で初の二連覇を遂《と》げました。しかし、途中で棄権したメキシコ大会の半年後、大きな自動車事故にあい、下半身不随《ふずい》となりました。それでも彼はアーチェリーと卓球で車いすの競技会に参加し、生涯スポーツを愛しました。

*****……エチオピアはアフリカでは数少ない独立国のひとつだったが、ムッソリーニ政権下のイタリア軍が侵入し、一九三六年から一九四一年まで植民地として併合した。皇帝ハイレ・セラシエ一世は国際連盟に援助を求めたが、連盟はイタリアを処罰しないと決定し、退けた。

12 一九六四年の東京オリンピック

東京大会の重量挙げ金メダリスト、三宅義信

一九六四年一〇月一〇日から二四日までの一五日間、秋晴れの東京で第一八回オリンピック大会が開催されました。この大会は、衛星中継で世界に初めてテレビ放送された大会です。開会式には独立まもないアフリカの国ぐにが、たとえひとりの参加者でも誇らしげに行進する姿がありました。

日本は高度経済成長の時代に入り、少しずつ生活が豊かで便利になる一方、物価の上昇や公害、過疎過密など、さまざまな問題があらわれてきたときでした。

Q1 東京大会は、アジアで最初のオリンピック大会だったのですか。

A1 日本は一九五二年のヘルシンキ大会から、オリンピックに復帰しました。東京へのオリンピック招致活動はこのときからはじまっています。敗戦から七年が経過し、講和条約が発効して、連合国による占領から日本が独立した年でした。スポーツを通じて国際社会への復帰をアピールしようとしたのです。

一九五二年五月、東京都議会は第一七回大会（一九六〇年）の東京招致を決議します。大会招致には東京以外に、ローマ、ローザンヌ（スイス）、ブダペスト（ハンガリー）、デトロイト（アメリカ）など一〇以上の都市が立候補していました。しかし、まだ東京には競技施設などが充分に確保されていませんでした。一九五五年のIOC総会では、予想どおり第一七回大会はローマに決定され、東京支持はわずか四票でした。東京はそのつぎの招致を表明します。

その前年の一九五四年、フィリピンのマニラで*第二回アジア競技大会が開催されました。この大会は、かつておこなわれていた西アジア競技大会と極東選手権競技大会を引き継いだもので、いずれも戦争で中止になっていたものでした。当時のフィリピンでは、終わったばかりの戦争のために反日感情が強く、日本人選手には護衛がつくほどでした。

一九五八年の第三回アジア競技大会は、オリンピック招致活動が続く東京で開催され、日本の国際大会の運営能力をアピールする貴重な機会となりました。翌一九五九年五月、ミュンヘンのIOC総会で東京は、デトロイト、ウィーン（オーストリア）、ブリュッセル（ベルギー）の三都市と競って五六票中三四票を獲得。ついにアジアでは初めてのオリンピックが、東京で開催されることになりました。

*……第一回大会は一九五一年にインドのニューデリーで開催され、日本も参加している。

◆映画『東京オリンピック』（一九六五年、市川崑監督）

IOC公式記録映画。冒頭「オリンピックは人類の持っている夢の現れである。」の文字ではじまり、大きな太陽が昇る。聖火リレーは広島の原爆ドームを走り、開会式から二〇の競技、閉会式までを映したあと、太陽が沈み、聖火が消され、「聖火は太陽へ帰った。人類は四年ごとに夢を見る。この創られた平和を夢で終わらせていいのであろうか」の字幕で終わる。

詩的で平和へのメッセージをもつ本作に、建設大臣とオリンピック担当大臣をつとめた河野一郎は不満を示した。突貫工事で建設された高速道路や施設の紹介はなく、日本選手の活躍シーンも多くはない。監督はたんなる競技記録ではなく、大会にかかわったさまざまな人びとの思いを描くことを求めた。本作は映画館のほか全国の学校や公民館でも上映され、観客の大きな支持を得た。

Q2 「東洋の魔女」とは何のことですか。

A2 「東洋の魔女」は日本の女子バレーボールチームに付けられたニックネームです。東京大会でアメリカのテレビ放送がさかんに使い、世界に広まったとされます。

バレーボールが正式競技になったのは、東京大会が最初でした（柔道もそうです）。とくに女子バレーボールは、オリンピックにおける最初の女子団体競技となりました。柔道もバレーボールも、日本のメダル獲得の可能性が高い競技でした。

一九六〇年、バレーボール世界選手権大会で日本の女子チームが銀メダルを獲得し、翌年ヨーロッパに遠征した実業団の日紡貝塚《にちぼうかいづか》女子チームは二二連勝を達成しました。そして一九六二年の世界選手権で、日本の女子は強豪ソ連を破って優勝、「東洋の魔女恐るべし」と評されました。これは団体球技の世界大会で日本が初めて得た優勝でした。

東京大会では、日本女子チームは日紡貝塚のメンバーを主体とし、アメリカ、ルーマニア、韓国、ポーランドを連破して、同じく無敗で勝ち進んできた宿敵ソ連と決勝で対戦しました。日本は二セットを連取します。第三セットではソ

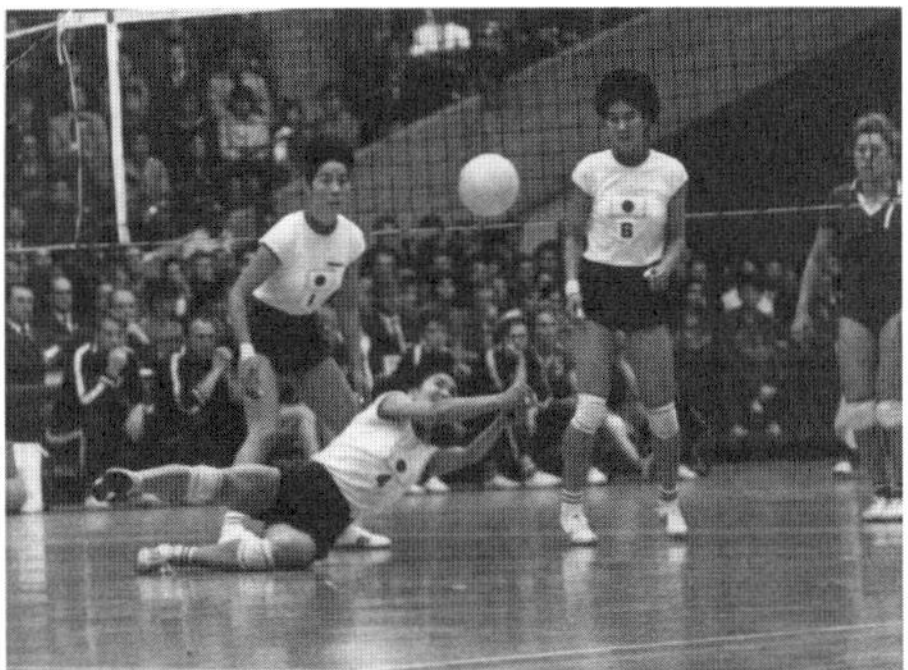
一九六四年東京大会女子バレーボール決勝、日本対ソ連戦での回転レシーブ

連が追い上げ、息をのむ大接戦となりました。しかしソ連のオーバーネットにより日本はストレート勝ち、金メダルを獲得しました。

強打のソ連に勝てたのは、打たれても打たれてもボールをひろう強固な守備でした。柔道の受け身のように肩から落ち、前に回転しながら床面近くでボールを受け、くるりと立ち上がる新技「回転レシーブ」が、守りを攻撃につないだのです。

また、勝利後の河西昌枝《かさいまさえ》主将と大松博文《だいまつひろぶみ》監督の冷静で毅然《きぜん》とした態度も、称賛の的となりました。バレーボールは人気スポーツ*となり、とくに女子のバレー人口は急増しました。この後、日本のバレーボールは、女子が一九七六年の第二一回モントリオール大会（カナダ）、男子が一九七二年の第二〇回ミュンヘン大会（西ドイツ）で金メダルを獲得しています。

＊……東京大会後、日本ではバレーボール・ブームが起こり、のちに漫画の『アタックNo.1』、テレビドラマの『サインはV』などの作品が生まれた。

Q3 「一〇秒の壁」とは何ですか。

A3 東京大会では、男子陸上の一〇〇メートル走で「一〇秒の壁」が破られるかどうかが注目を集めました。四年前の一九六〇年に西ドイツのアルミン・ハリーが一〇秒〇を記録し、九秒台の記録が期待されていたのです。

アメリカのボブ・ヘイズ選手は前年に国内で九秒九を出していましたが、追い風だったので公認記録とならず、参考記録となっていました。二一歳の大学生だった彼は、一〇〇ヤード（約九一メートル）走で九秒一の世界記録を出していました。

第一回アテネ大会での男子一〇〇メートルの優勝記録は一二秒〇でした。第一〇回ロサンゼルス大会では一〇秒三です。期待された東京大会の準決勝で、ヘイズは九秒九*を出しますが、これも追い風のために参考記録となりました。一〇〇メートル九秒九ということは、平均時速三六・四キロメートル。一秒間に平均一〇・一メートル進むという、たいへんなスピードです。最高速度は時速四〇キロメートルを超えるでしょう。

決勝は、ヘイズが一〇秒〇の世界タイ記録・オリンピック新記録で優勝しました。ヘイズは四〇〇メートルリレーにも出場し、世界記録でアメリカに金メダルをもたらします。

彼は東京大会を最後に陸上競技を引退し、プロ・フットボールの選手として、ダラス・カウボーイズで活躍しました。「一〇秒の壁」が破られたのは東京大会の四年後、第一九回メキシコシティ大会で、アメリカのジム・ハインズがついに九秒九を記録しました。

＊……東京大会から電動計時がはじまった。当初は手動計時と電動計時とが併用されたが、一九七七年から国際陸上競技連盟は電動計時による記録のみを公認することになった。

一〇〇メートル走で優勝したボブ・ヘイズ（一番右）

Q4 オリンピックの開催で、東京はどう変わったのですか。

A4 一九六〇年代に入ると、東京には見たこともない建物がつぎつぎと誕生しました。代々木の屋内総合競技場、日本武道館、駒沢の体育館などのオリンピック施設*です。戦後アメリカ軍が住宅・宿舎として使っていた代々木の広大な敷地に選手村がつくられ、代わりにアメリカ軍の宿舎が一〇〇億円以上をかけて調布**市に建設されました。

一九五九年五月、第一八回大会の東京開催が決まると、日本は広範《こうはん》な土木建設工事によってオリンピック景気となりました。スポーツ関連施設の建設だけでなく、過密化などの都市問題を抱えた東京の再開発もはかられました。

東京都と政府***がもっとも力をそそいだのは、新幹線や首都高速道路、地下鉄などの建設でした。その総額は一兆円を超え、池田勇人内閣がすすめる高度経済成長政策に拍車をかけることになりました。

東京では街のあちこちが掘り返され、川は埋められ、空中を走る高速道路や高層ビルが、東京をコンクリートの街に変えました。地上だけでなく地下には地下鉄が走り、東京モノレールが羽田と都心をつなぎました。残されていた江戸のなごりも、このときに消えていきました。東京大会は一〇月一〇日からで

*……陸軍の練兵場（代々木）、近衛師団の兵営地（日本武道館）など、戦前の軍用地があてられた。

**……現在の調布飛行場、味の素スタジアムなどがある土地に建設された。

***……オリンピック担当大臣をもうけた。

東京大会の会場となった代々木の国立競技場などの施設（一九六四年撮影）

したが、モノレールの運転開始は九月一七日、東海道新幹線は一〇月一日、名神高速道路を国鉄バスが走ったのが一〇月五日と、どれも大会直前のことでした。

東京の外観は大きく変わりました。しかし一歩裏道に入ると、狭い通りに面して貧弱な家々がところ狭しと並び、都民の生活に直結する下水道の整備や騒音対策、交通渋滞などへの取り組みはなかなかすすみませんでした。オリンピック後は、建設ブームに沸いた景気が大幅に後退し、土木建設業だけでなく、さまざまな業種に経営不振が広がりました。

東京・原宿駅前の五輪橋（ごりんばし）も、この東京大会のためにつくられた

〔資料〕オリンピック憲章の「前文」と「オリンピズムの根本原則」

◆前　文

近代オリンピズムの生みの親はピエール・ド・クーベルタンである。クーベルタンの主導により，パリ国際アスレチック・コングレスが1894年6月に開かれた。国際オリンピック委員会（IOC）が設立されたのは1894年6月23日である。近代の最初のオリンピック競技大会（オリンピアード競技大会）は1896年，ギリシャのアテネで開催された。1914年，パリ・コングレスはピエール・ド・クーベルタンの提案したオリンピック旗を採択した。オリンピック旗は，5つの大陸の団結とオリンピック競技大会で世界中の選手が集うことを表現する，5つの結び合う輪を持つ。第1回のオリンピック冬季競技大会は1924年，フランスのシャモニーで開催された。

◆オリンピズムの根本原則

1．オリンピズムは肉体と意志と精神のすべての資質を高め，バランスよく結合させる生き方の哲学である。オリンピズムはスポーツを文化，教育と融合させ，生き方の創造を探求するものである。その生き方は努力する喜び，良い模範であることの教育的価値，社会的な責任，さらに普遍的で根本的な倫理規範の尊重を基盤とする。

2．オリンピズムの目的は，人間の尊厳の保持に重きを置く平和な社会を奨励することを目指し，スポーツを人類の調和の取れた発展に役立てることにある。

3．オリンピック・ムーブメントは，オリンピズムの価値に鼓舞された個人と団体による，協調の取れた組織的，普遍的，恒久的活動である。その活動を推し進めるのは最高機関のIOCである。活動は5大陸にまたがり，偉大なスポーツの祭典，オリンピック競技大会に世界中の選手を集めるとき，頂点に達する。そのシンボルは5つの結び合う輪である。

4．スポーツをすることは人権の1つである。すべての個人はいかなる種類の差別も受けることなく，オリンピック精神に基づき，スポーツをする機会を与えられなければならない。オリンピック精神においては友情，連帯，フェアプレーの精神とともに相互理解が求められる。

5．スポーツ団体はオリンピック・ムーブメントにおいて，スポーツが社会の枠組みの中で営まれることを理解し，自律の権利と義務を持つ。自律には競技規則を自由に定め管理すること，自身の組織の構成と統治について決定すること，外部からのいかなる影響も受けずに選挙を実施する権利，および良好な統治の原則を確実に適用する責任が含まれる。

6．このオリンピック憲章の定める権利および自由は人種，肌の色，性別，性的指向，言語，宗教，政治的またはその他の意見，国あるいは社会のルーツ，財産，出自やその他の身分などの理由による，いかなる種類の差別も受けることなく，確実に享受されなければならない。

7．オリンピック・ムーブメントの一員となるには，オリンピック憲章の遵守およびIOCによる承認が必要である。

（オリンピック憲章は1914年起草，1925年制定。最新版は2015年のもの。）

column

コラム——3

3 柔道 アントン・ヘーシンク

(Antonius Johannes Geesink／一九三四〜二〇一〇年)

柔道が初めてオリンピック種目となったのは、一九六四年の東京大会です。それは開催国が日本だからという単純な話ではありません。

柔道の創始者で、IOC委員としても活躍していた嘉納治五郎は、戦前から柔道のオリンピック参加を希望していました。しかし、採用されるためには柔道が国際的な競技になることが必要で、当時は叶《かな》いませんでした。

戦後まもなく、一九四八年にはロンドンでヨーロッパ柔道連盟が発足し、一九五一年には国際柔道連盟と改称。一九五六年には東京で第一回世界選手権大会が開催され、柔道は急速に世界に広まりました。

これは、見方を変えれば、強い外国人選手が増えてきたということです。東京大会の三年前、一九六一年にパリで開催された*第三回世界選手権大会で日本選手は敗れ、オランダのアントン・ヘーシンクが初の外国人王者になりました。それ以降、日本チームが打倒ヘーシンクをかかげたのは言うまでもありません。

＊……世界選手権大会は、この回まで無差別級の試合のみだった。

ヘーシンクは一九三四年にユトレヒトの貧しい家に生まれ、一二歳のときから建築現場で働き、一四歳から柔道をはじめました。二〇歳の彼に声をかけたのは道上伯《みちがみはく》**、おもにフランスで指導していた柔道家でした。素直な性格のヘーシンクは誠実に道上の指導に従い、ヨーロッパでもっとも強い選手となりました。第三回世界選手権大会の前に二カ月間日本に滞在し、講道館と警視庁でトップクラスの選手を相手に稽古《けいこ》し研究したのも、道上の指示でした。優勝して帰国すると、彼の道場には入門希望者が殺到しました。

そして一九六四年、東京オリンピック。日本は軽量級、中量級、重量級で順調に金メダルを取りました。しかし、体重別ではない無差別級こそが真の王者です。決勝戦は予想どおりヘーシンク***対神永昭夫****。終了まぎわの九分二二秒、ヘーシンクがけさ固めで一本を決め、オリンピック柔道初の外国人金メダリストとなりました。このとき勝利を決めたヘーシンクが、神永を押さえ込んだまま右手を上げ、驚喜《きょうき》して駆けよろうとするオランダチームを制止したことは有名です。

柔道は日本だけのものでなく、世界の「ＪＵＤＯ」になりました。

**……愛媛県八幡浜市出身。オランダ柔道連盟は、出身階層が低いとして当初ヘーシンクに冷たかった。しかし道上はそれならばなおさら彼を強くし、若者に希望と勇気を与えようと考えた。（眞神博『ヘーシンクを育てた男』文藝春秋、二〇〇二年）

***……身長一九八センチの長身。

****……宮城県仙台市出身、身長一七九センチ。全日本選手権に三度優勝したベテラン。予選でヘーシンクと対戦して敗れたが、無差別級参加者が九名のため、設定された敗者復活戦を勝ち上がり、決勝戦でふたたび対戦した。

13 オリンピックと参加選手

2012年ロンドン大会の女子サッカー
（日本対アメリカ）

スポーツがさかんになったのは一九世紀以降のことです。自由や平等という考えが当たり前にならなければ、スポーツは広まらなかったでしょう。さまざまな大会が開催されるようになると、選手の参加資格が問題になりました。女性の参加やプロ選手の参加は、どのようにして実現したのでしょうか。

Q1 女性には性別検査がおこなわれていたというのは本当ですか。

A1 本当です。一九六八年から、二〇〇〇年のシドニー大会（オーストラリア）で中止されるまで、オリンピックでは性別検査がおこなわれていました。一九六〇年代に男子選手が女子選手になりすまして競技に参加した事例があり、ローマ大会と東京大会で金メダルを獲得したソ連の陸上競技選手タマラ・プレスとイリーナ・プレスの姉妹に対しては、「男性ではないか」という疑問も出されていました。

一九六六年のヨーロッパ陸上選手権では、女性を対象に、居並ぶ医師による全裸での視認検査がおこなわれました。他の大会では、産婦人科医による性器のチェックがおこなわれました。しかし、あまりにも人権を無視した検査に、当然ながら抗議が出て、一九六八年のメキシコシティ大会から、頬《ほお》の内側の粘《ねん》膜《まく》を採取する遺伝子検査に変更されました。

この検査は試薬を使い、男性だけがもっているY染色体の有無を調べるものです。しかし、染色体に異常のある女性が「男性」と判定されることもあり、出場を認められなかった選手もいたようです。

その後一九九一年には、国際陸上競技連盟が性別検査を廃止し、IOCも二〇〇〇年のシドニー大会から検査を中止しました。その理由は検査に費用がかかることや、ドーピング検査の際に性別検査もできることがありますが、女性の人権に配慮せざるをえなくなったことが大きいです。

二〇〇四年、IOCは、性転換（男女どちらへでも）をした選手のオリンピックへの参加を認める方針を打ちだしました。適切な治療を受け、法的にも認められ、手術後二年経過すれば、オリンピックへの参加が可能というものです。男性から女性にかわった選手は有利になるのではないかという意見が出ま

二〇一二年ロンドン大会ではボクシングで女子種目が採用され、二六競技すべてで女子の競技が実施された

したが、IOCは、規定どおりであれば競技の公平性は保てると判断したようです。

Q2 イスラーム教徒の女性はオリンピックに参加しないのですか。

A2 二〇一二年のロンドン大会は、二〇四におよぶIOCすべての加盟国・地域から女性選手が出場する初めての大会となりました。これまでカタール、ブルネイ、サウジアラビアの三国は女性のオリンピック参加を認めていませんでしたが、IOCの努力によって実現したのです。

厳格なイスラーム教の戒律《かいりつ》を守ろうとする国では、女性が公の場で顔や肌を出すことが禁じられており、外出する際にはからだ全体をおおう衣装が好ましいとされています。このため多くのイスラーム諸国で女性への*スポーツ普及が遅れ、オリンピックへの参加も難しかったのです。

しかし、同じイスラーム世界でも、トルコやエジプトなどはこれほど厳格ではありません。学生など若い層を中心に、日常生活のほとんどをジーンズや短いスカートなどで過ごす女性も多く、女性のスポーツもさかんにおこなわれています。

イランでは、一九九三年以来四年おきに、イスラーム諸国の女子スポーツ選

*……男子のサッカーなどを女性が競技場で観戦することが禁じられていることもある。

手が参加するムスリム女子競技大会が開催されています。女性は身内以外の男性に肌を見せてはいけないので、それなら男性が見ない大会を開こう、と考えたのです。選手はもちろん、審判、役員、観客もすべて女性です。参加各国では、女性用の競技施設や、施設の女性専用貸し出し日を設ける動きなどもすすんでいます。

しかし、女性の権利を拡大しようとする動きに対しては、まだまだ根強い抵抗があり、イスラーム世界の各地で、スポーツをする権利のために闘っている女性たちがいます。

ロンドン大会の女子柔道。イスラームの慣習に従い、髪を隠して出場したウォジダン・シャハルハニ（サウジアラビア）

Q3 プロの選手は、いつからオリンピックに参加するようになったのですか。

A3 アマチュアかプロか、現在ではオリンピック参加選手にその区別はありません。しかしＩＯＣは一九七〇年代までは、選手がスポーツによって金銭的な報酬を得ないアマチュアであることを、参加の絶対条件としていました。このため多くの選手がアマチュア規定違反という理由でメダルをはく奪されたり、参加を拒否されてきました。

アマチュアという考え方は、階級制の強いイギリスで一九世紀に生まれました。一八六六年の全英陸上競技選手権大会における参加資格はアマチュアに限るとし、生計をたてる手段として競技に参加したことのない者だけを認めました。規定には「機械工、職人、労働者の除外」も明記され、差別的な考えが当たり前のようにありました。これを定めたアマチュア・アスレティック・クラブの構成員の中心は、遺産や不動産をもち、生活のために稼ぐ必要のない中・上流階級の人たちだったのです。*

こうした流れのなかで一九〇八年のロンドン大会の組織委員会は、参加資格をアマチュアに限ると定めました。一九二五年にはＩＯＣと各競技の国際競技連盟（ＩＦ）によって統一のアマチュア規定がつくられ、オリンピック憲章にもプロ選手の排除が定められました。**

しかし一九七四年、オリンピック憲章から「アマチュア」という言葉が削除されました。スポーツ競技が人びとに広がり、金銭のやりとりが公然とおこなわれ、アマチュアであることは形だけのものになったからです。一九八〇年にＩＯＣの会長となったサマランチは、オリンピックから収益が得られるように改革をすすめ、各ＩＦ（国際競技連盟）にプロ選手の参加容認を働きかけました。一九八二年に国際陸上競技連盟が出場料や賞金のやりとりを認める方針を打ちだすと、多くのＩＦもプロの参加を認めるようになりました。そして一九八四年には、参加資格のアマチュア規定が廃止されました。

プロ選手の参加は、一九八四年のサラエボ冬季大会（ユーゴスラヴィア）と

＊……このため、スポーツは裕福でなければできない楽しみにせばめられ、金銭報酬を求めないアマチュアであることが正当化、理想化された。

＊＊……プロ選手の参加禁止だけでなく、アマチュア選手が用具やウェアのメーカーなどから金銭的援助を受けることも禁止されていた。このため、スキー選手がスキー板の企業名などをカメラに見せることが、宣伝に協力していると問題にされた。

ロサンゼルス大会から認められるようになります。一九八八年のソウル大会では、オリンピック競技としてテニスが復活し、女子で西ドイツのプロテニス選手シュテフィ・グラフが金メダルを獲得しました。一九九二年バルセロナ大会の男子バスケットボールでは、アメリカのプロバスケットのスーパースターだったマジック・ジョンソン率いるアメリカチームが金メダルを獲得しました。

サマランチＩＯＣ会長は「オリンピックはプロ、アマを問わず、世界最高の大会であるべきだ」と述べていますが、実際***にはそうなってはいません。

Q4 オリンピックの選手村はいつからできたのですか。

A4 選手村の設置は、オリンピック憲章で開催地に義務づけられています。正式には一九五二年のヘルシンキ大会からですが、実際には一九二四年のパリ大会からつくられました。これはＩＯＣが負担する各国選手団の滞在費を、なるべくおさえるためでした。またクーベルタンは、世界中から集まった若者たちがオリンピック期間中だけでも共に生活することを高く評価していました。

パリ大会の選手村には、粗末な木造の家が五〇戸建設されました。小さな部屋は四人用とされましたが、数が足りず、多くの選手が組織委員会が借り上げ

バルセロナ大会の男子バスケットボール。名だたるプロ選手が参加するアメリカ代表は、「ドリームチーム」と呼ばれた。写真中央のデヴィッド・ロビンソンも当時プロ選手だった

***……オリンピックのボクシングに大半のプロ選手は参加していない。またアメリカではオリンピックの野球は評価されず、ヨーロッパではオリンピックのサッカーには関心があまりない。

たホテルに宿泊しました。

現在の選手村のモデルになったのは、一九三二年のロサンゼルス大会です。宿泊施設だけでなく、映画館や病院、ショッピングセンターなども完備されました。ただし宿泊したのは男子のみで、女子はホテルでした。一九八四年のロサンゼルス大会では、南カリフォルニア大学とカリフォルニア大学ロサンゼルス校の宿舎が使われました。

現在、選手村の宿舎では基本的に男性と女性が分けられ、広場や食堂などは共用です。食堂では宗教上の理由や生活習慣のちがいを考慮して豊富なメニューが用意され、村にはキリスト教の教会やイスラーム教のモスクもあります。

しかし、選手村の生活は厳しい警備のもとにおかれており、外の社会から隔《かく》離《り》された集団生活は競技にマイナスだという声もあります。*最近では、選手村に入らず超一流ホテルなどに滞在する選手が増え、世界中の若者が一堂に会するというオリンピックの理念に反しているのではないかと指摘されます。この傾向は、プロ選手の参加によって加速されています。また、選手村の大会後のあり方も問題になっています。**

二〇一二年ロンドン大会、開会前の選手村

*……一九八四年のロサンゼルス大会から、アメリカ陸上のスターであるカール・ルイスなど、選手村に入らない選手があらわれた。

**……二〇二〇年東京大会の選手村建設用地は、官製談合疑惑が指摘される。東京都は都有地を地価の一〇分の一で大手開発業者に譲渡し、大会後は大々的な住宅開発が計画されている。マスコミの追及もほとんどなされていない。

〔資料〕オリンピック大会開催地

夏季大会

⑥ベルリン（第一次世界大戦のため中止）
⑫東　　京（日中戦争のため返上）
　ヘルシンキ（第二次世界大戦のため中止）
⑬ロンドン（第二次世界大戦のため中止）

冬季大会

column
コラム——4

4 体操 ナディア・コマネチ
(Nadia Elena Comăneci／一九六一年〜)

一九七六年モントリオール大会（カナダ）。「これは一体どういうことだ?」ルーマニアの女子体操チームのコーチが、審判のほうを向いて身ぶりでたずねました。段違い平行棒の得点掲示板に、「一・〇〇」という点数が出たからです。ひとりの審判が、両手の指を一〇本開いて見せました。得点は一点ではなく一〇点満点*だったのです。「掲示板には九・九九点までしか表示できないため」というアナウンスが入り、会場はどよめきに包まれました。

選手の名はナディア・コマネチ。つづく他の種目でも一〇点満点を連発し、合計七つの一〇点を取りました。獲得したメダルは、段違い平行棒と平均台、個人総合で金、団体でソ連に次ぐ銀、床運動で銅でした。コマネチは体操の英才教育を受け、九歳で国内大会に出場し、一九七五年のヨーロッパ選手権で優勝していましたが、まだよく知られてはいませんでした。

人びとが驚嘆したのは、難しい技をつぎつぎに完璧にこなしたからだけではありま

＊……この大会ではソ連のネリー・キム選手も跳馬と床運動で一〇点満点を出し、その後の大会では具志堅幸司、森末慎二選手をふくむ多くの選手が一〇点満点を獲得している。

せん。一〇代後半から二〇代の選手たちのなかで、一四歳のコマネチらルーマニアの選手団はとても幼く見えました。しかし、ポニーテールに髪を結んだあどけない少女の演技は鋼《はがね》のように力強く、また機械のように正確で精密、表情はクールですが、時たま瞬間的に見せる愛らしさに人びとは魅了されました。

体操の採点は、当時**は技の組み合わせと演技の完成度で決まりました。難しい技を何種類もミスなしで演技すれば、減点されずに高得点が出せます。しかし、オリンピック試合でノーミスの演技をした選手はコマネチが初めてでした。バルカン半島の小国のため、チャウシェスク***大統領が率いる社会主義国ルーマニアを、このとき初めて知った人もたくさんいたことでしょう。

ルーマニアはチャウシェスク大統領の独裁政権のもとで、政治、経済のほか、文化、スポーツも厳しく統制され、自由はありませんでした。コマネチは一九八〇年のモスクワ大会で二つの金メダルを取り、翌年引退。この年コーチ夫妻がアメリカに亡命すると、コマネチへの政府の監視が強まりました。一九八九年、彼女もアメリカに亡命。それは革命によってチャウシェスク政権が倒される一カ月前のことでした。現在は、アメリカ人でロサンゼルス大会金メダリストのコナーと結婚し、体操やスポーツにかかわる仕事をしています。

**……一〇点満点から減点する採点方式は、二〇〇六年以降大きく変更された。

***……サマランチIOC会長は、チャウシェスクがロサンゼルス大会をボイコットしなかったことから、一九八五年にゴールドオリンピック勲章を贈っている。

5

マラソン
有森裕子
（ありもり・ゆうこ／一九六六年〜　）

有森裕子選手といえば、一九九六年アトランタ大会の女子マラソンで銅メダルを取ったときの「*初めて自分で自分をほめたいと思います」という言葉が有名です。その前のバルセロナ大会で有森は銀メダルを取っていましたが、この銅メダルはより大切なものでした。

どの種目でもオリンピック出場レベルの選手は、たいてい子どものころから頭角をあらわし、日本では高校総合体育大会や国体などで上位の記録を残しています。ところが有森は、大学でも無名のままでした。それでもただ選手として走りつづけたいという熱意で、自分からリクルート社に入社を求め、実業団の選手となりました。

転機となったのは一九九〇年の大阪国際マラソンです。初めてのマラソンで、当時の初マラソン日本女子最高記録を出しました。小出《こいで》義雄監督は有森に毎月九〇〇キロ、のちには一〇〇〇キロもの走り込みを課していました。女子選手に八〇〇キロは無理といわれていたころです。酸素の薄い標高二五〇〇メートルでの高地トレーニングも

＊……高校二年のとき、補欠として参加した高校総体の開会式で聞いた高石ともやの歌の歌詞だという。

おこない、男子でもしなかったハードな練習を重ねた成果でした。
かつて長距離走**は女子には不可能と考えられていました。隠れて参加する選手もいましたが、正式に女子のマラソン参加が認められたのは一九七二年のボストンマラソンからです。女子単独の最初の大会は、一九七九年の第一回東京国際女子マラソン。オリンピック正式種目となったのは一九八四年のロサンゼルス大会でした。
有森は一九九二年バルセロナ大会で銀メダル***を獲得。そしてさらに上をめざそうとしたとき、壁が立ちはだかりました。当時の日本の女子マラソン界では、メダルを取れば引退するものと考えられていたのです。また選手****は競技団体やＪＯＣ、企業に所属し、その指示に従って練習や競技をする規定でした。自分の写真が広告に使われる場合も、肖像権は選手個人にないため本人に決定権はなく、収入も入りません。それが日本での「アマチュア」の考えでした。
有森は、この問題の解決のためにはアトランタでもメダルを取り、発言力を高めなければと考えました。自分だけでなく選手全体の地位向上のために、メダルが必要だったのです。アトランタ大会の翌年、彼女はリクルート社とプロ契約を結びました。日本陸上競技連盟は事実上、条件つきで選手のプロ化*****を認め、二〇〇一年には高橋尚子******選手もプロとなりました。

**……一九二八年のアムステルダム大会で初めておこなわれた女子八〇〇メートル走では、一位のラトケ（ドイツ）、二位の人見絹枝を含め、決勝走者の半数以上がゴール後に倒れた。このため「女子には過酷すぎる」として、この種目は取り消された。復活は一九六〇年ローマ大会から。

***……同じ岡山県岡山市出身の人見絹枝につづく、日本女子選手として二つめのメダル。

****……このため多くの選手は実業団に所属し、選手活動をしつつ社員としての給料で生計をたてる。競技成績は収入に結びつかない。一方アメリカでは、早くから競技者がＣＭで収入を得て、各自でトレーニングの環境を整えることが認められている。

*****……海外のマラソンでは高額の賞金があり、プロの招待選手にはタイムに応じた出場料が支払われる。

******……岐阜県岐阜市出身。二〇〇〇年シドニー大会女子マラソン優勝。有森とともに小出義雄監督の指導を受けた。

14 政治とオリンピック

オリンピックは思想や宗教、政治的な主張のちがいを乗りこえて、世界の人びとがスポーツを通して交流し、友好を深めようとする考えから生まれました。しかし、世界中の注目を集め、選手は国の代表として競技し、莫大な費用も必要とするオリンピックは、国内政治や国際政治、経済界などの意向にも大きく左右されがちです。そこにはどのような問題があるのでしょうか。

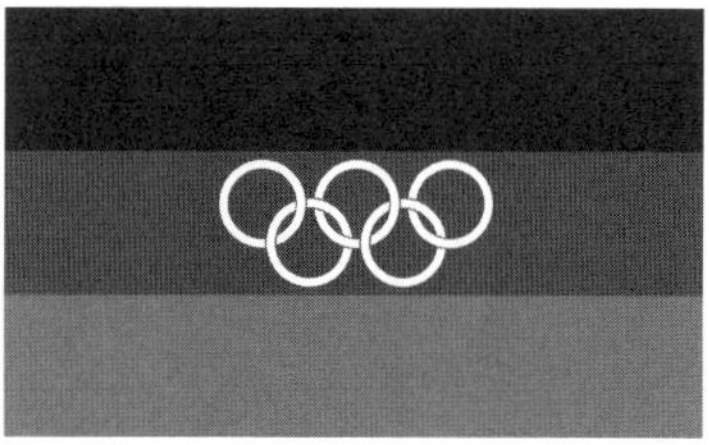
ドイツ統一チームの旗

Q1 オリンピックでテロが起こったことはありますか。

A1 それはミュンヘン大会（西ドイツ）一一日目、一九七二年九月五日早朝のことでした。選手村に「ブラック・セプテンバー（黒い九月）」を名乗る武装したパレスチナ・ゲリラが侵入し、イスラエル選手団の宿舎を襲ったのです。抵抗した二人が射殺され、選手やコーチら九人が人質となりました。

◆映画『ミュンヘン』（二〇〇五年、スティーヴン・スピルバーグ監督）
ミュンヘン大会開催中に起きた「黒い九月」によるテロ事件を発端に、イスラエルの諜報機関モサドが「黒い九月」に報復殺人を計画、実行していく。しかし報復は報復を呼び、モサドの一員の主人公は恐怖とテロの連鎖に苦悩する。

ゲリラの要求は、イスラエルで捕らわれている政治犯二三〇人あまりの釈放でした。

しかし、イスラエル政府はゲリラとの交渉を拒否し、アラブ諸国もゲリラと人質の受け入れを拒否しました。西ドイツ政府は身代金と身代わりの人質を提案しますが、ゲリラ側は受け入れません。ゲリラ側の用意は周到で、要求が拒否されることは承知の上でした。目的は、人びとの目が集まるオリンピックを政治的な主張の宣伝の場に利用することでした。

ゲリラと人質はエジプトへ向かうことになり、旅客機が待つ空軍基地に到着しました。そこで警察と銃撃戦になり、九人の人質全員とゲリラ五人、警察官一人が死亡。救出は大失敗でした。

最悪の事態に、IOCはオリンピックを続行するか否かの決断をせまられました。IOC会長として最後の大会であったブランデージは、「競技は続けられなければならない」と決断し、翌日スタジアムで追悼《ついとう》式をおこなったのち、午後からすべての競技を再開しました。

しかし、さまざまな関連行事は中止され、閉会式も簡素に終わりました。事件後、警備の甘さが指摘されましたが、西ドイツとしてはナチス政権下のベルリン大会の暗い影を振り払い、新しく開放的なドイツをアピールしたかったのだといわれます。

ミュンヘン大会のテロ事件の現場となった、イスラエル選手団の宿舎

イスラエルの空港に到着した、テロ事件の犠牲者の家族（一九七二年九月七日）

近年のオリンピック会場には、テロ防止対策のため、監視カメラなどセキュリティ機材があふれています。こうした巨額の警備費は、施設建設費とともに開催地の莫大な負担となっています。

Q2 オリンピックがボイコットされたことがあるのですか。

A2 一九八〇年のモスクワ大会（ソ連）は、アメリカのカーター大統領の提唱によって、*アメリカ、西ドイツ、日本、韓国など六〇カ国以上が参加をとりやめました。また、当時ソ連と対立していた中国やイランなども、ボイコットに加わりました。一方、アメリカの懸命な働きかけがあっても、**イギリス、フランス、イタリア、スペイン、オーストラリアなどは参加しました。

ボイコットの直接のきっかけは、前年の一九七九年一二月にソ連軍がアフガニスタンへ侵攻したことです。アメリカの中東政策にとって、ソ連が南に勢力を拡大することは大きな脅《きょう》威《い》でした。しかも、この年二月にはイランで***イスラーム革命によって反米路線をとる新政権が成立し、一一月にはテヘランでアメリカ大使館人質事件が起き、アメリカの中東政策は苦境におちいっていました。

*……ボート競技のアニタ・デフランツらは訴訟を起こし抗議した。

**……イギリスのサッチャー首相はボイコットを求めたが、イギリスのオリンピック委員会（BOA）は数々の困難を越えて参加を決定した。そして開会式ではイギリスではなくBOAのプラカード、国旗ではなく五輪旗をかかげた一名のみの参加というように、国家ではなく選手個人としての参加の立場をつらぬいた。

***……イランで一九七九年にシーア派によるイスラーム革命が起こり、親米路線をとっていたパフレヴィ国王が倒された。亡命した国王がアメリカに入国すると、イランではそれに反発した学生たちがテヘランのアメリカ大使館を占拠し、大使館員を人質にとって、元国王のイラン政府への身柄引き渡しを要求した。

オリンピックの「四年に一度」というサイクルは、アメリカ大統領選挙と重なります。一九七六年の選挙で当選したカーター大統領は、国内の不況やイランをめぐる外交問題などの試練に直面していました。二期目の当選に向けて予備選挙がはじまっているなかで、カーター大統領は、ソ連軍がアフガニスタンから撤退しないならオリンピックをボイコットしようと呼びかけます。このようなかたちでオリンピックと国内外の政治が結びついたのは、初めてのことでした。

アメリカからの要請により、日本政府はボイコットを決めました。マスコミもボイコット支持へと世論を誘導します。しかし日本オリンピック委員会（JOC）には、多く****の選手から大会参加の訴えが寄せられました。JOC臨時総会の評決は、二九対一三でボイコットとなりました。当時のJOCは財政的に政府に依存しており、無言の圧力がかけられていたといわれます。

Q3 今日でもオリンピック休戦があるのですか。

A3 一九九四年、ノルウェーで開催されたリレハンメル冬季大会中に、ユーゴスラヴィア（当時）で一日だけの休戦が実現したことがあります。

きっかけは一九九二年、バルセロナ大会が開かれる年に、国連の安全保障理

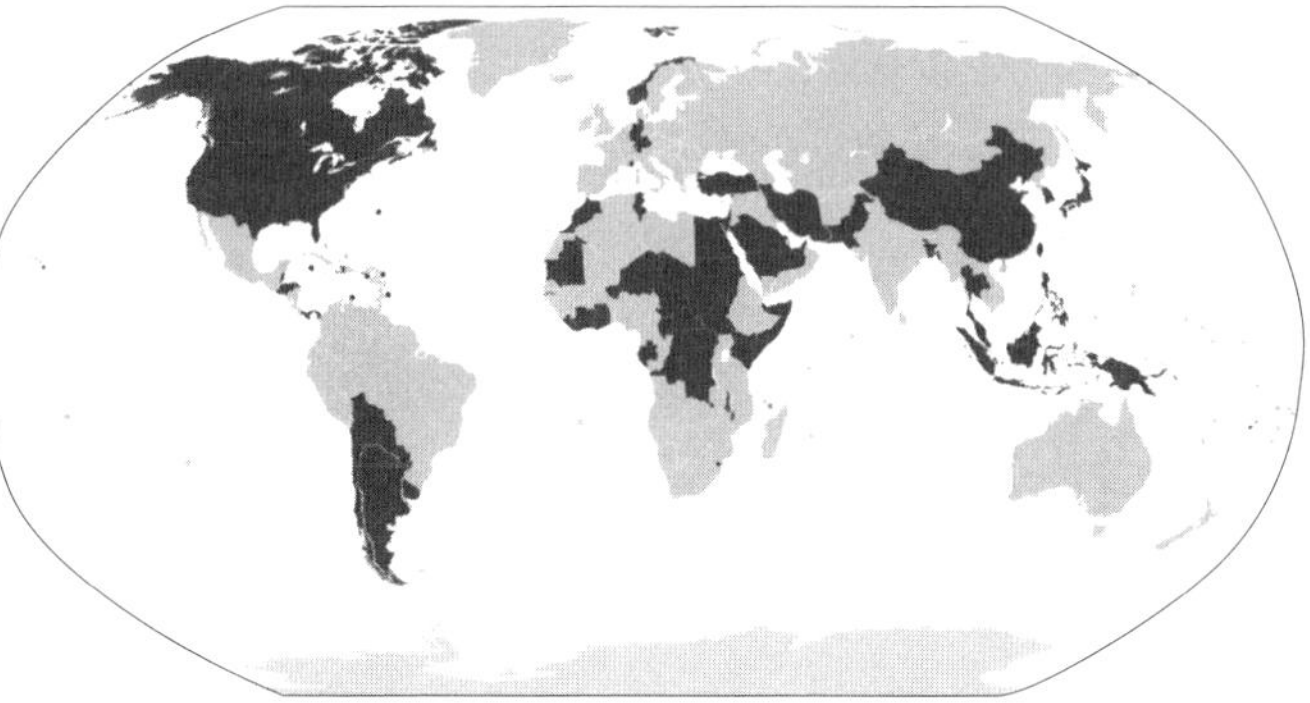

一九八〇年モスクワ大会をボイコットした国ぐに

****……四年に一度のオリンピックを選手生活の絶頂期に迎えられる選手は少ない。金メダルが期待されていた柔道の山下泰裕、レスリングの高田裕司、マラソンの瀬古利彦らは、貴重な参加の機会を失った。

事会が、内戦中のユーゴスラヴィアに対し、経済制裁の他に国際スポーツ大会への参加禁止を加えたことでした。ユーゴスラヴィア選手の参加が難しくなったことを知ったIOCのサマランチ会長は、国連に大会期間中の休戦を訴え、個人としての彼らの参加を認めさせました。

翌一九九三年の第四八回国連総会では、国連加盟国の共同提案というかたちで、オリンピック休戦に関する決議が採択されました。この総会決議はこれまでの国連史上、どの決議よりも多くの加盟国に支持されたといわれ、これ以降オリンピックのたびに、国連ではオリンピック休戦を支持する決議がおこなわれています。

一九九四年、ユーゴスラヴィア内戦の当事者が一日だけの休戦を受け入れたとき、サマランチ会長らIOC一行はユーゴスラヴィアのサラエボを訪れました。サラエボは一九八四年冬季大会の開催地でしたが、戦火によって廃墟となっていました。

しかし、国連での決議に拘束力《こうそく》はありません。一九九八年の長野冬季大会の際、国連はアメリカに対してイラク攻撃をしないよう働きかけました。アメリカは大会期間中、攻撃を開始しませんでしたが、休戦の表明はしませんでした。シドニー大会を前にした一九九九年には、国連で一八〇カ国（加盟国は一八八カ国）がオリンピック休戦決議を採択しました。古代オリンピックの休戦を

一九八四年サラエボ冬季大会の選手村だったアパート。砲弾や銃弾が無数に撃ち込まれ、破壊されていた（一九九七年撮影）

理想として、いま私たちがオリンピック休戦を追求することは、平和をかかげるオリンピックに欠かせないチャレンジです。

Q4 複数の国が統一チームをつくって参加することはあるのですか。

A4 第二次世界大戦後、冷戦によって分断された東ドイツ*と西ドイツ、韓国と北朝鮮があげられます。

戦後ドイツのオリンピックへの復帰は、日本と同じ一九五二年のヘルシンキ大会です。このときIOCはオリンピック憲章により、ふたつのドイツチームの参加は認められないと、統一チームをつくることを提案しました。しかし統一チームは実現せず、参加は西ドイツだけでした。

一九五六年のメルボルン大会を前に、東西ドイツはようやく合意し、一月のコルチナ・ダンペッツオ冬季大会から統一チームを結成して参加しました。統一旗は旧ドイツ国旗の中央に五輪マークをあしらった独自の旗で、国歌の代わりにベートーヴェンの第九交響曲の「歓喜の歌」を使うことになりました。**こののち東西ドイツはローマ大会、東京大会と計三回、政治体制を越えた統一チームとして参加しました。

朝鮮半島のふたつの国、韓国と北朝鮮は、一九六四年の東京オリンピックを

一九六四年東京大会でのドイツ統一チーム

*……正式名称はドイツ民主共和国とドイツ連邦共和国、大韓民国と朝鮮民主主義人民共和国である。

**……のちにそれぞれの国のNOCの加盟が認められ、一九六八年のメキシコシティ大会から東ドイツと西ドイツは個別に参加した。一九九〇年の東西ドイツの統一によって、一九九二年のアルベールヴィル冬季大会からドイツ単一チームでの参加となった。

前に統一チームづくりをめざしましたが、実現しませんでした。しかし二〇〇〇年九月のシドニー大会では、両国選手団が合同入場行進をおこないました。先頭には白地に朝鮮半島が青色で描かれた統一旗がかかげられました。そこに両国の境を示すラインはありません。試合では、たがいに応援しあう両国の選手の姿が見られました。この年の六月には金大中《キムデジュン》大統領と金正日《キムジョンイル》総書記の南北首脳会談がおこなわれ、共同宣言が出されていました。

二〇〇四年のアテネ大会でも、閉会式で両国選手団の合同行進が実現しました。韓国と北朝鮮のNOC（国内オリンピック委員会）は次の北京大会で統一チームをつくることを決めましたが、その北京大会では合同行進すら実現しませんでした。北朝鮮***をめぐる厳しい政治状況が理由と考えられます。しかし、二〇一八年平昌《ピョンチャン》冬季大会では開会式で両国選手団の合同行進がおこなわれ、アイスホッケー女子で五輪初となる南北合同チームが実現しました。

また、複雑な事情をかかえる中国では、一九七九年の中国のIOC復帰にともない、台湾はチャイニーズタイペイとして参加しています。香港****も独自に代表を派遣していますが、マカオ*****はIOCの承認がなく、派遣できません。

また、二〇一六年のリオデジャネイロ大会では、難民となり母国から出場できない選手で構成された難民選手団が参加しました。内戦が深刻なシリアや南スーダンなどの出身の一〇名の選手です。

二〇〇〇年シドニー大会で、統一旗をかかげていっしょに入場行進する韓国と北朝鮮の選手団

***……北朝鮮は二〇〇六年から二〇一六年一月までに四回、国際社会の反対をふりきって核実験を強行した。

****……一九九七年にイギリスから中国に返還された。

*****……一九九九年にポルトガルから中国に返還された。

〔資料〕オリンピック大会開催地

開催年	夏季大会	冬季大会
1896	①アテネ（ギリシャ）	
1900	②パリ（フランス）	
1904	③セントルイス（アメリカ）	
1908	④ロンドン（イギリス）	
1912	⑤ストックホルム（スウェーデン）	
1916	⑥中止	
1920	⑦アントワープ（ベルギー）	
1924	⑧パリ（フランス）	①シャモニー（フランス）
1928	⑨アムステルダム（オランダ）	②サン・モリッツ（スイス）
1932	⑩ロサンゼルス（アメリカ）	③レーク・プラシッド（アメリカ）
1936	⑪ベルリン（ドイツ）	④ガルミッシュ・パルテンキルヘン（ドイツ）
1940	⑫中止	
1944	⑬中止	
1948	⑭ロンドン（イギリス）	⑤サン・モリッツ（スイス）
1952	⑮ヘルシンキ（フィンランド）	⑥オスロ（ノルウェー）
1956	⑯メルボルン（オーストラリア）※	⑦コルチナ・ダンペッツォ（イタリア）
1960	⑰ローマ（イタリア）	⑧スコー・バレー（アメリカ）
1964	⑱東京（日本）	⑨インスブルック（オーストリア）
1968	⑲メキシコシティ（メキシコ）	⑩グルノーブル（フランス）
1972	⑳ミュンヘン（西ドイツ）	⑪札幌（日本）
1976	㉑モントリオール（カナダ）	⑫インスブルック（オーストリア）
1980	㉒モスクワ（ソ連）	⑬レーク・プラシッド（アメリカ）
1984	㉓ロサンゼルス（アメリカ）	⑭サラエボ（ユーゴスラヴィア）
1988	㉔ソウル（韓国）	⑮カルガリー（カナダ）
1992	㉕バルセロナ（スペイン）	⑯アルベールヴィル（フランス）
1994		⑰リレハンメル（ノルウェー）
1996	㉖アトランタ（アメリカ）	
1998		⑱長野（日本）
2000	㉗シドニー（オーストラリア）	
2002		⑲ソルトレークシティ（アメリカ）
2004	㉘アテネ（ギリシャ）	
2006		⑳トリノ（イタリア）
2008	㉙北京（中国）	
2010		㉑バンクーバー（カナダ）
2012	㉚ロンドン（イギリス）	
2014		㉒ソチ（ロシア）
2016	㉛リオデジャネイロ（ブラジル）	
2018		㉓平昌（韓国）
2020	㉜東京（日本）予定	
2022		㉔北京（中国）予定

※馬術のみストックホルム（スウェーデン）

column コラム——6

6 体操 ベラ・チャスラフスカ
(Věra Čáslavská／一九四二〜二〇一六年)

一九六八年一月、社会主義国チェコスロヴァキアではドプチェクが共産党第一書記となり、改革がはじまりました。検閲《けんえつ》を廃止し、言論などの自由を認め、複数政党制や市場経済の導入、資本主義諸国との経済関係の強化などをめざしたこの改革*は、「プラハの春」と呼ばれます。

東ヨーロッパの社会主義国への関心が薄かった日本でも、改革を支持するチェコスロヴァキア市民が六月に発表した「二千語宣言」**にチャスラフスカが署名していると報道されると、関心が高まりました。

チャスラフスカは女子体操選手で、四年前の東京大会では個人総合、跳馬《ちょうば》、平均台の三種目で金メダルを取りました。日本や世界の人びとを魅了したのは、正確な演技とその美しさだけではありません。圧倒的に強いソ連の選手たちに一歩も引かず、優美さと笑顔で勝利を手にしたからでした。それは、ソ連をリーダーとする社会主義諸国のなかで、チェコスロヴァキアがソ連に一歩も劣《おと》らない優れた国であることの証明

*……この改革の内容をドプチェクは「人間の顔をした社会主義」と呼んだ。

**……オリンピック選手では、「人間機関車」と呼ばれたザトペック（一九四八年ロンドン大会の一万メートル走、一九五二年ヘルシンキ大会の五〇〇〇メートル走・一万メートル走・マラソンの金メダリスト）、スキーのジャンプ競技のイジー・ラシュカ（一九六八年グルノーブル大会七〇メートル級金、九〇メートル級銀）も署名した。約三万人が署名したという。

でもありました。政治的な思いを込めて声援した人びともいたでしょう。チャスラフスカは、チェコスロヴァキアの国民的な英雄となりました。

しかし一九六八年八月、ソ連はチェコスロヴァキアの改革を許さず、ワルシャワ条約機構軍を率いてチェコスロヴァキアに侵入し、全土を占領下におきました。ソ連が支持する新しい政府が成立し、改革を支持した人びとへの弾圧がはじまります。一国の改革を、他の社会主義国が軍事力で妨害《ぼうがい》したことに世界は驚き、非難しました。

メキシコシティ大会の開催は一〇月に迫っていました。チェコスロヴァキアの政治はソ連の監視下におかれ、改革を支持したチャスラフスカに出国が許可されたのは、大会直前のことでした。精神的にも、場所や器具の点でも、ろくに練習はできませんでした。しかし彼女は主権を踏みにじられた祖国の名誉回復をかけて、ソ連の選手を相手にふたたび個人総合で優勝。そして跳馬、段違い平行棒、床運動でも金メダル、平均台と団体種目で銀メダルを獲得しました。

その後も、彼女は二千語宣言への署名の撤回命令を断固として拒否しつづけ、このため二〇年以上も国内の体操界から追放***されました。そして一九八九年一一月、共産党政権と闘う民主化運動の高まりのなかで、彼女は人びとの前に姿をあらわし、自由と民主主義を求めつづけた人として熱狂的な歓迎を受けました。

***……仕事や人間関係だけでなく、優勝などの記録も国の公式記録から消去されたという。

15 パラリンピック

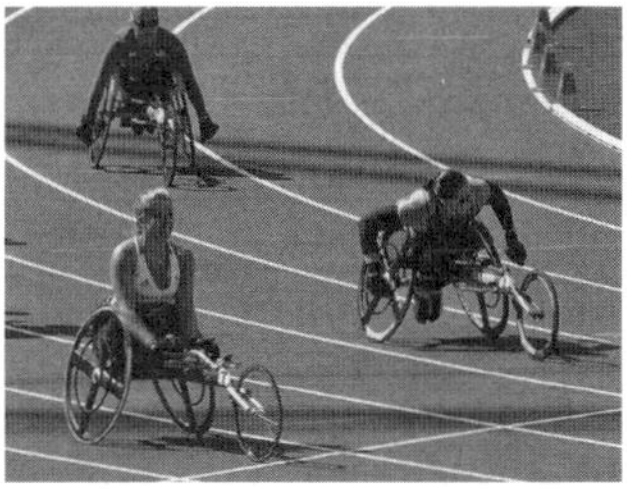

2012年ロンドン・パラリンピックの車いす陸上選手

パラリンピックの意味を知っていますか？　この言葉は「平行」を意味するパラレルとオリンピックを合わせた造語で、「もうひとつのオリンピック」*をあらわしています。

パラリンピックは、車いすを使っている人や目の見えない人などが参加する国際競技会で、現在では四年に一度、オリンピックと同時期に開催されるようになりました。

Q1 パラリンピックはいつからはじまったのですか。

A1 一九四八年七月二八日、イギリスのロンドン近郊のストーク・マンデビル病院で、車いすの患者一六人によるアーチェリー大会がおこなわれました。この日は第一四回ロンドン大会の開会式の日です。その後、この大会は毎年おこなわれるようになり、病院を退院した人や海外からの参加者も加わっ

＊……パラリンピックという名称は、東京で開催された第二回大会から使用された。当時は車いすの選手による大会だったため、英語の「下半身まひ」を意味する「パラプレジア」と「オリンピック」を合わせて名づけられた。
のちに車いす以外にも障がいをもつ選手が参加するようになり、「パラレル」の「パラ」であるとして「もうひとつのオリンピック」という解釈に変更された。

て、大きな大会になっていきました。

　はじまりは第二次世界大戦後、この病院が戦争で負傷した人びとのリハビリテーションのためにスポーツをとりいれたことでした。そして、スポーツが身体機能の回復に役立つだけでなく、患者の気持ちを晴れやかにし、精神面の効果もあることがわかったのです。

　一九六〇年にはオリンピック開催地のローマで、国際ストーク・マンデビル大会が開催され、二三カ国から四〇〇人が参加しました。この大会が第一回パラリンピックとされています。第二回大会は一九六四年の東京大会にあわせて開催され、車いす使用者だけでなく、その他**の障がいのある人たちも参加する競技会となりました。しかし、オリンピック開催地で同時に開催する方式は、その後は定着しませんでした。

　一九八八年のソウル大会（韓国）から、大会の正式名称は「パラリンピック」となり、IOC***が直接かかわる大会となりました。夏季オリンピックとパラリンピックの開催地を同一にする方式が復活したのは、この大会からです。冬の大会も一九九二年のアルベールヴィル大会から同じ開催地となりました。

「パラリンピックの父」ルートヴィヒ・グットマンの記念切手（ロシア）。ストーク・マンデビル病院の医師グットマンは、入院患者のために競技大会をはじめた

＊＊……パラリンピックは視覚障がい者らも参加し、知的障がい者の参加が認められることもある。今日では別大会として、聴覚障がい者のためのデフリンピック、知的障がい者のためのスペシャルオリンピックスがある。

＊＊＊……二〇〇四年のアテネ大会から夏季オリンピックと共同の大会組織委員会が運営する。

Q2 どんな競技がおこなわれているのですか。

A2 パラリンピックのはじまりは、車いす使用者のリハビリテーションでした。したがって、多様なあらゆる障がいを対象とする競技会ではありません。現在、夏季パラリンピックの公式競技とされているのは二二競技です。そのうち一九六〇年のパラリンピック第一回大会からつづいている競技は、アーチェリー、車いすフェンシング、車いすバスケットボール*、卓球、陸上競技、水泳です。冬季大会は五競技で、そのうち一九七六年の第一回大会からつづいているのはアルペンスキーとクロスカントリースキーです。

一九九八年の長野冬季パラリンピックでは、クロスカントリースキーで初めて知的障がい者の参加が認められました。その後、夏季大会でも知的障がい者が参加する競技が数種目認められました。しかし、二〇〇〇年のシドニー・パラリンピックの知的障がい者のバスケットボールで、金メダルを獲得したスペインチームに、健常者がまぎれていたことが発覚します。これにより、知的障がい者のパラリンピックへの参加は不可能となりました。

その後二〇一二年のロンドン・パラリンピックでは、知的障がい者の参加がふたたび認められ、陸上競技と水泳、卓球が実施されました。

＊……車いすバスケットボールは一チーム五人、コートの大きさ、ゴールの高さ、試合時間などはオリンピックの試合と同じ。ボールを持ったまま二回こぐことができる、一回一〇分のピリオドを四回おこなう、というようにルールが変えられている。

北京パラリンピック（二〇〇八年）での車いすバスケットボール

二〇一四年のソチ冬季パラリンピックでは、知的障がい者が参加する競技はありませんでしたが、新しい種目としてスノーボードクロスが加わりました。二〇一六年のリオデジャネイロ・パラリンピックでは、トライアスロンとカヌーが新競技として採用されています。

Q3 競技ではどんな車いすが使われているのですか。

A3 スポーツで使われる車いすは、日常生活で使われる車いすとはちがいます。そして競技によっても、それぞれ専用のものが使われます。この点は、手足を切断した選手が競技で使用する義手や義足についても同じです。

陸上競技用の車いすには、車輪が三つあります。軽くてスピードが出やすく、「レーサー」と呼ばれます。専用のグローブをはめ、ハンドリムと呼ばれる輪を回転させるのですが、トップレベルの選手は最高時速四〇キロ以上を出すことができます。

バスケットボールやテニス用の車いすは、急発進やターンに対応できるよう、車輪がハの字形にとりつけられ、重心が前にくるようにつくられています。

車いすラグビーでは、車いすどうしがぶつかりあうため、激しい衝突に耐えられる頑丈《がんじょう》な車いすが使われます。転倒することや傾くことも多く、前後四輪

陸上競技用の車いす

の他に、転倒防止用の小さな車輪が後方につけられています。

また攻撃用と守備用でもちがいがあり、攻撃用では動きが止まらないようにフロント部分のバンパーが小さくなっています。守備用はフロントバンパーが長く、相手の車いすの動きを封じることを目的としています。しかも、車いすは強度だけでなくスピードも要求されるため、軽量化も求められています。

さあ、車いすがぶつかりあう音を想像してみてください。車いすラグビーは、パラリンピックのなかでもっとも激しい競技といわれます。

Q4 パラリンピックでは、二種類のサッカーがおこなわれているのですか。

A4 そうです。ひとつが脳性まひの選手による七人制サッカー*です。選手は脳の損傷《そんしょう》による運動機能障がいのある人か、脳の外傷などによるまひのある人に限られています。

ルールは基本的には国際サッカー連盟（ＦＩＦＡ）のルールが適用されます。異なる点は、一一人制にあるオフサイドがないことや、コートやゴールがひとまわり小さいことです。選手は障がいの程度によってクラス分けされます。

このサッカーは一九八四年に正式競技となりましたが、パラリンピックに出場するには、国際大会で結果を出し、世界ランキングの上位に入ることが必要

*……七人制サッカーでは、チームの中に走ることが可能な障がいの程度の重い選手がかならず入る必要があり、障がいの程度の重い選手がいない場合は六人で試合をおこなう。また、きわめて軽度なまひのある選手は一人しか出場できない。

です。

もうひとつは「ブラインドサッカー」とも呼ばれる、視覚障がい者の五人制**サッカーです。コートには「サイドフェンス」と呼ばれる壁が設けられ、ボールには音が出る鈴が入っています。アイマスクをつけた四人のフィールドプレーヤーと、アイマスクをつけないゴールキーパーの五人でおこない、ゴールキーパーは視覚障がいのない選手か、障がいの軽い選手がつとめます。フィールドプレイヤーはガイド（コーラー）やゴールキーパー、監督の声の情報をたよりにボールを扱います。

視覚障がい者五人制サッカーでは、世界選手権やアジア選手権などもおこなわれ、ロンドン・パラリンピックではブラジルが、アテネ大会、北京大会に続く三連覇を達成しました。

Q5 パラリンピックとオリンピックの両方に出場した選手はいるのですか。

A5 何人*もいますが、南アフリカ**のふたりの選手がよく知られています。

ナタリー・デュトワは、二〇〇四年アテネ・パラリンピックの競泳で五つの金メダルを獲得しました。もともと競泳の選手で、一四歳で南アフリカの代表となりましたが、一七歳のとき自動車事故で左足のひざから下を切断しま

**……五人制サッカーは、フィールドプレイヤーの障がいの程度別に「全盲」、または視力、視野の点で「弱視」の二種類がある。

視覚障がい者の五人制サッカー

*……ポーランドの女子卓球選手ナタリア・パルティカもよく知られている。生まれつき右ひじから先がない彼女は、三回のパラリンピックと、北京とロンドンのオリンピックに出場している。

**……正式名称は南アフリカ共和国である。

した。二〇〇八年、彼女は北京オリンピックに、この大会から正式種目となったオープンウォータースイミング***の選手として出場、開会式では南アフリカ選手団の旗手をつとめました。義足で泳いだ結果は、二四人中一六位でした。そしてすぐあとに開かれた北京パラリンピックでは、ふたたび金メダルを五つ取りました。

もうひとりは両足義足のランナー、オスカー・ピストリウスです。彼はアイスランドのオズール社が製作した、刃のように薄い炭素繊《せん》維《い》製の競技用義足を使い、「ブレードランナー」****とも呼ばれます。二〇〇八年の北京パラリンピックでは一〇〇、二〇〇、四〇〇メートル走で金メダルを獲得しました。そして二〇一二年のロンドン・オリンピックに出場し、男子陸上四〇〇メートル走で準決勝進出、四〇〇メートルリレーの決勝では南アフリカチームのアンカーをつとめました。しかし翌年、事件が起きます。恋人の女性を自宅で射殺した疑いで、ピストリウスが逮捕されたのです。彼は侵入者と勘ちがいして撃ったと主張しましたが、二〇一五年一二月、最高裁は殺人罪で有罪判決を出しました。両足義足のランナーとして史上初めてオリンピック出場を果たした南アフリカの英雄の事件は、センセーショナルに報道されました。

そして、走り幅跳びで好記録*****をもつマルクス・レーム（ドイツ）のリオデジャネイロ・オリンピック出場は、見送られることになりました。

***……プールではなく、海や川、湖など自然環境のもとでおこなう長距離の競泳。速さだけでなく、時々の自然環境への適切な対応が必要となる。略称ＯＷＳ。一〇キロを超えるものはマラソンスイミングとも呼ばれる。

****……「刃（ブレード）のように薄い義足を使う走者（ランナー）」という意味。

オスカー・ピストリウス

*****……レームは八メートル四〇の記録をもつ。健常者の世界記録は八メートル九五、日本記録は八メートル二五である。彼の義足の右足を「技術ドーピング」として彼を排除しようとする声がある。これに対しレームは「記録は義足の力だけではない」、「評価が別でもいい。オリンピックでいっしょに跳び、障がい者スポーツを知ってほしい」と語っている。

16 人種・民族問題とオリンピック

オリンピックには、世界中からさまざまな人種や民族の選手が参加します。人間はみな平等であるはずですが、現実にはさまざまな偏見や差別が存在します。スポーツは、そしてオリンピックは、人種や民族の問題とどのようにかかわってきたでしょうか。

アメリカの陸上選手トミー・スミス（Q1を参照）

Q1 オリンピックで人種差別反対を訴えた選手がいるのですか。

A1 一九六八年の第一九回メキシコシティ大会、男子陸上二〇〇メートル走の表彰式でのことです。一位、三位はアメリカの選手でしたが、国旗の掲揚と国歌の演奏がはじまると、表彰台の上の*トミー・スミスとジョン・カルロスは、頭《こうべ》を垂れ、黒手袋をつけた拳《こぶし》を空につきあげました。

*……ふたりともアフリカ系アメリカ人。カリフォルニアのサンノゼ州立大学で黒人教授ハリー・エドワーズに学んだ。サンノゼ大学には表彰台で抗議するふたりの銅像がある。
　二位のオーストラリアのピーター・ノーマンも彼らの行動を支持し、エドワーズ教授が提唱した「人間の権利のためのオリンピック」というバッジを胸に付け表彰台にのぼった。オーストラリアもまた、先住民アボリジナルなど人種・民族問題をかかえていた。

この静かな怒りのポーズは、アメリカ**国内の人種差別への抗議でした。一九六〇年代のアメリカは、ヴェトナム戦争に反対する運動と黒人差別撤廃をめざす公民権運動が高まるなか、この年の四月には公民権運動の指導者キング牧師が暗殺され、緊張が続いていました。

当時のアメリカには、まだまだひどい人種差別が残っていました。スミスとカルロスは、オリンピックでかならず表彰台にのぼり、世界の目が集まる場で差別撤廃を訴えようと決めたのです。

スタンドには大勢のアメリカ人観光客も来ていました。演奏が終わり、ふたりが表彰台から降りると、ブーイングと罵声《ばせい》が飛び、ゴミが投げ込まれました。IOCは「政治的パフォーマンスをおこなった」と非難し、彼らはアメリカ代表チームから除名され、オリンピック村からも追放されました。帰国後はマスコミの激しい非難を受け、さらには尾行や電話の盗聴にも苦しめられつづけました。

しかし、彼らを支持し、連帯を示した選手もいます。四〇〇メートル走でアメリカは一位から三位までを独占しましたが、三人の黒人選手は黒いベレー帽をつけて表彰台にのぼりました。

拳をつきあげるトミー・スミス（一位）とジョン・カルロス（三位）。表彰台にはシューズを履かず、黒いソックスでのぼった。

**……当時、アメリカのオリンピック委員会に黒人はひとりもいなかった。

Q2 南アフリカ共和国はオリンピックに出られなかったのですか。

A2 オリンピック憲章は「人種、宗教、または政治上の理由で差別してはならない」と規定しています。南アフリカ共和国はアパルトヘイト*、すなわち国の政策としての人種隔離をおこなっていました。南アフリカでは、黒人と白人がいっしょに競技することはもちろん、黒人が国際大会に出場することも禁じていました。

ＩＯＣは一九六四年の東京大会を前に、南アフリカをオリンピックに出場させないことを決定します。しかし、つぎのメキシコシティ大会では、条件つきで南アフリカの参加を認めようとしました。アフリカ諸国を中心とする国ぐには強く反対し、結局ＩＯＣは南アフリカの参加を取り消し、一九七〇年には南アフリカはＩＯＣから除名されることになりました。世界中でアパルトヘイトに対する批判が高まり、ＩＯＣも無視できなくなったのです。

しかし一九七六年、第二一回モントリオール大会の前に、ニュージーランドのラグビーチーム・オールブラックスが南アフリカを訪れ、試合をしました。アフリカ諸国は怒り、ニュージーランドが参加する大会には参加しないと猛烈に抗議しました。アパルトヘイト政策を非難する国ぐには、南アフリカとの文

＊……白人と白人以外の有色人種とを差別する人種隔離制度・政策。一七世紀半ばにオランダ人が入植して以降、南アフリカでは白人による人種差別制度・政策が徐々に定着していったが、第二次世界大戦後に政権をにぎった国民党はオランダ系白人（ボーア人）の支持を基盤に、より徹底した人種隔離政策をとった。圧倒的多数の黒人を狭いホームランドに押しこめ、人権を奪い搾取した。

アパルトヘイト政策のもと、「白人専用」と書かれた海水浴場の看板

化・スポーツ交流を停止して、強く抗議していたのです。ＩＯＣは、「ラグビーはオリンピック種目ではない」と問題にしませんでしたが、アフリカの二六カ国がモントリオール大会をボイコットすることを決め、到着していた選手も帰りました。

南アフリカは一九九一年にアパルトヘイトを廃止しました。これにより一九九二年のバルセロナ大会でオリンピックに復帰します。最後に参加したローマ大会から三二年が経っていました。この間南アフリカ**の選手のなかには、オリンピックに出場するために国籍を変えた人もいました。

Q3 シドニー大会では先住民の選手が聖火を点火したのですか。

A3 二〇〇〇年の第二七回*シドニー大会の聖火リレーの最終ランナーは、先住民アボリジナル**のキャシー・フリーマンでした。フリーマンは女子四〇〇メートル走***で、アトランタ大会での銀メダルに続いて金メダルを獲得しました。今日まで、同じ大会で聖火を点火し、金メダルを獲得した選手は、彼女ひとりです。

フリーマンは一九七三年にオーストラリアのクィーンズランドで生まれました。祖母は「奪われた世代****」のひとりで、母親はアボリジナルの男性と結婚し

**……女子五〇〇〇メートル走で世界記録を樹立したゾーラ・バッドは、一九八四年のロサンゼルス大会に出場するために、イギリス国籍をとった。大会では女子三〇〇〇メートル走に出場したが、トラブルがあり七位に終わった。一九九二年のバルセロナ大会では南アフリカ代表として三〇〇〇メートル走に出場したが、決勝に残れなかった。

*……国内聖火リレーの出発は、アボリジナルの聖地である大陸中央部にあるウルル（エアーズロック）から、先住民の女性陸上選手の手ではじまった。

**……「アボリジニ」という呼称は差別的な意味あいが強いと指摘され、最近では「アボリジナル」や「オーストラリア先住民」と表現される。人口は全体の約二パーセント、三五万人。

***……四〇〇メートル走決勝で、フリーマンは頭から足まで全身をおおうスーツを着用した。からだの表面を流れる空気の抵抗を極力少なくするものといわれる。

****……一九一〇年から一九七〇年までとられた「同化政策」によって、先住民の子どもたちは親から強制的に引き離され、白人に教育された。この世代の人びとをいう。

ましたが離婚し、白人の男性と再婚しました。この義理の父である男性が、フリーマンの才能を見いだしたといわれます。

早くから注目された彼女は、スポーツ奨《しょう》学《がく》金《きん》を得て本格的なトレーニングを積み、一九九四年にカナダで開かれたコモンウェルスゲームズ（イギリス連邦競技大会）の二〇〇メートル走と四〇〇メートル走で優勝しました。このとき彼女が、アボリジナルの旗とオーストラリア国旗をいっしょにかかげてウィニングランをしたことは、写真などでよく知られています。

選手団の団長は、アボリジナルの旗を手にしたことを非難しましたが、世論は先住民と白人オーストラリア社会との和解の象徴として支持しました。そして、シドニー大会でもやはり同じウィニングランをおこなったため、ふたたび議論を呼びました。

彼女は「政治的と見られるかもしれないが、民族について考えるきっかけをつくったなら嬉しい」と述べています。先住民アボリジナルが依然として差別と貧困という厳しい状況におかれている現実のなかで、フリーマンは先住民の成功者、新しいオーストラリア、多文化主義のオーストラリアのシンボルとして讃えられています。

一九九七年のアテネ世界陸上選手権女子四〇〇メートルに優勝し、オーストラリア国旗とアボリジナルの旗の両方をかかげてウィニングランをするキャシー・フリーマン

Q4 金メダルを捨てた選手がいるのですか。

A4 一九六〇年ローマ大会のボクシング・ライトヘビー級では、一八歳のカシアス・クレイが圧倒的な強さで優勝しました。しかし、アメリカに帰国した彼を待っていたのは、称賛ではなく差別でした。レストランで金メダルを見せて名乗っても、黒人だからと入店を拒否されました。アメリカ代表、世界一を示す金メダルでも、人種差別に勝つ力はなかったのです。その帰り道、彼が金メダルを故郷のオハイオ川に投げ捨てたというのは、有名な話です。

プロに転向したクレイは、「蝶のように舞い、蜂のように刺す」といわれた華麗なボクシングで、四年後にはヘビー級の世界チャンピオンになりました。黒人解放運動の指導者マルコム・Xとも親交を深めたクレイは、イスラーム教に改宗し、名前も「モハメッド・アリ」と改めます。改名は、かつて白人がつけた奴隷風の名前を拒否してのことでした。

アリは差別を容認するアメリカ社会を厳しく批判し、ヴェトナム戦争への徴兵も拒否しました。このため一九六七年、アリはチャンピオンの王座をはく奪され、ボクシング界から追放されます。それでも彼は裁判でも一貫して主張を変えず、徴兵拒否で禁固五年と罰金一万ドルの判決を受けましたが、一九七一

一九六〇年ローマ大会のボクシング・ライトヘビー級で優勝したカシアス・クレイ（モハメッド・アリ）（右から二人目）

年に最高裁で無罪となりました。

一九七一年、アリはリングに復帰し、一九七四年にザイール（現在のコンゴ民主共和国）のキンシャサでジョージ・フォアマンを破り、ヘビー級チャンピオンの王座奪還を果たしました。このときアリは三二歳になっていました。

引退後アリはパーキンソン病を発病しますが、人種差別問題をはじめ、湾岸戦争ではアメリカ人の人質解放に力をつくし、キューバに対するアメリカの経済封鎖の緩和を呼びかけるなど、社会的な活動を続けました。

一九九六年のアトランタ大会では、パーキンソン病と闘うアリが走者からトーチを受けとり、震《ふる》える腕で聖火に点火しました。この大会でサマランチIOC会長は、かつて彼が捨てたローマ大会の金メダルの複製メダルを彼に贈りました。

一九九六年アトランタ大会で聖火に点火したモハメッド・アリ（左）

Q5 北京オリンピックの聖火リレーは中止されたのですか。

A5 北京オリンピックの聖火リレーは、世界各地を通過して史上最長距離の一三万七〇〇〇キロに及び、世界最高峰のチョモランマ（エベレスト）も越えるというものでした。これは、中国が国家のプライドをかけたオリンピックのイベントのひとつです。

二〇〇八年三月二四日、前大会の開催地でもあるギリシアのオリンピアで、聖火の採火式がおこなわれました。しかしこのはじまりから、聖火リレーは世界各地で、チベット問題*などへの中国政府の対応に抗議する運動に直面することになりました。チベットではこの直前の三月一〇日以降、古都ラサなどで「自由なチベット」を求める僧侶や市民の抗議運動が起こり、中国当局の武力鎮圧《ちんあつ》によって多数の死傷者が出ていました。

聖火リレーは各地で物々しい警戒のなかでおこなわれました。ロンドンでは、チベットの自由を求めるチベット人や人権団体が抗議をおこない、当初のルートが変更され、バスでの移動となりました。パリでは抗議活動に向けて多数の警官が動員されました。活動家が水や消火器で聖火を消そうとしたため、中国当局の要請で聖火は消され（予備の聖火があります）、バスで運ばれました。日本でも、一九九八年冬季オリンピックがおこなわれた長野で、機動隊に囲まれて聖火リレーがおこなわれ、逮捕者も出ました。

そして聖火リレーが中国国内に入った五月一二日、四川《しせん》大地震が起こりました。地震の規模はマグニチュード八・〇、死者は八万人とも九万人ともいわれます。このため聖火リレーは一部計画が変更されたり、規模の縮小を余儀なくされました。ですから、中止ではありません。

＊……チベットは清の時代に中国の支配下に入れられた。二〇世紀に入り独立を宣言するが、一九四九年に成立した中華人民共和国はこれを認めず、一九五一年にチベットに侵攻し制圧した。一九五九年に起こった反中国運動は中国人民解放軍に鎮圧され、チベットの最高権力者であるダライ＝ラマはインドに亡命した。彼はチベット独立運動のシンボルとなっている。

北京大会の聖火リレーにあわせ、ロンドンで抗議運動をおこなう人びと。「中国とチベットに人権を」のプラカードをかかげている

17 ドーピング問題とオリンピック

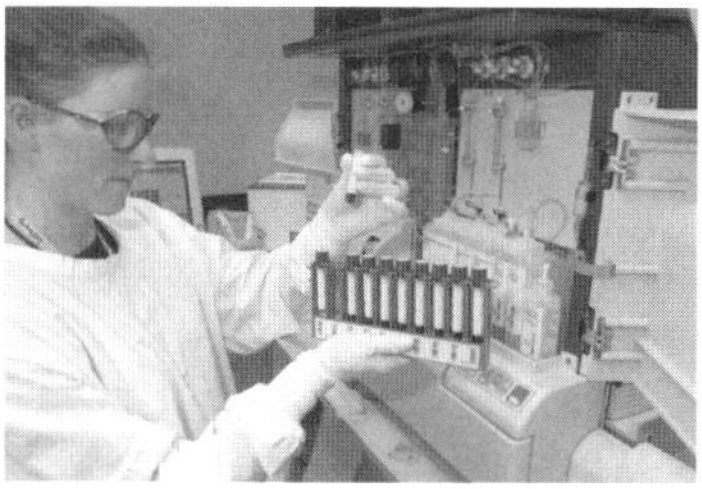

2000年シドニー大会に向けて、オーストラリア・スポーツ薬物検査所で、禁止薬物検査のための血液サンプルをチェックするスタッフ

競技でよりよい成績を出すために、筋肉を強化する薬物や興奮剤などの使用（ドーピング）をする選手がいます。ドーピングは不正なこととして禁止されていますが、この誘惑に負ける選手もいます。この問題はプロの大リーグやサッカーなどでも起きています。なぜ選手は薬物を使用してしまうのでしょうか。

Q1 ドーピングはいつから問題になったのですか。

A1 第一回アテネ大会のマラソンの優勝者スピリドン・ルイスは、レース中にビールやワインを飲んで水分を補給し、卵とオレンジで栄養をとったといわれます。当時はドーピングという言葉はありませんでした。

薬物使用が最初に問題になったのは、一九〇四年の第三回セントルイス大会です。アメリカのトマス・ヒックスが、マラソン[*]で優勝したあと倒れ、病院に運ばれました。彼はレース途中で、疲労回復の気つけ薬としてストリキニーネ[**]入りのブランデーを飲んだといわれます。ストリキニーネはネズミの駆除にも使われる猛毒ですが、微量で中枢《ちゅうすう》神経を興奮させる効果があります。

一九六〇年のローマ大会では、自転車競技に出場していたデンマークの選手が転倒し、頭を打って死亡しました。原因は、興奮をもたらす覚せい剤アンフェタミンの過剰摂取《かじょうせっしゅ》でした。オリンピックにおけるドーピングによる最初の犠牲者です。自転車競技の選手のあいだでは、一九五〇年代からアンフェタミンの使用が広がっていました。

一九六八年のメキシコシティ大会では、近代五種のスウェーデンの選手が初めて薬物使用で失格になりました。理由はアルコールの摂取で、アルコールも薬物のひとつとみなされます。

しかし、本格的な薬物使用の検査がおこなわれたのは、一九七二年のミュンヘン大会からです。IOCの対応が遅れたのは、薬物問題によるオリンピックのイメージダウンを心配したからといわれます。

Q2 ドーピングを積極的におこなった国はあるのですか。

*……八月三〇日、四〇度近い炎暑のなかおこなわれ、出場者三二名のうち完走者は一四名という過酷なレースとなった。日射病で倒れた走者が一般乗用車で運ばれたが、途中からレースを再開して一着でゴールインした。しかし不正が発覚し、一時間遅れでゴールしたヒックスが一位となった。タイムは三時間二八分五三秒だった。

**……マチンと呼ばれる樹木の種に含まれる。インドネシア、マレーでは矢毒に用いられた。

一九〇四年セントルイス大会で競技中に支えられるトマス・ヒックス（中央）

A2

一九七〇年代、東ドイツはアメリカ、ソ連に次ぐスポーツ大国となりました。一九七六年のモントリオール大会では金メダル四〇個をふくむ九〇個のメダルを獲得、つぎのモスクワ大会（アメリカなどはボイコット）でも金メダル四七個をふくむ一二六個のメダルを獲得しています。

東ドイツの人口はアメリカやソ連よりも圧倒的に少ないので、この成績は驚異的でした。とくに女子の水泳と陸上の活躍はめざましく、当時は幼少時からのエリート選手の育成システムと、科学的なトレーニングの成果だと絶賛されました。

しかし、東ドイツが崩壊すると、国家ぐるみでドーピングがおこなわれていたことが明らかになりました。国家の力を誇るためにスポーツが利用されていたのです。女子の水泳や陸上の選手を中心に、一三歳くらいから筋肉増強剤の投与や男性ホルモンの注射がおこなわれていました。その副作用は、毛深くなるなどの男性化だけでなく、内臓疾患《しっかん》や精神疾患にまでおよび、後遺症も深刻なものといわれます。

東ドイツにおけるドーピングは一九六〇年代からはじまり、約三〇年間続いたそうです。しかしこの間、ほとんどの選手が薬物検査をクリアしています。それは検査が厳しくなると、より巧妙なドーピング隠しの手法が開発されたからでした。

東ドイツの水泳選手コルネリア・エンダーは、一九七六年モントリオール大会で四つの金メダルを獲得する大活躍をした。しかし、大会の前に薬を投与されていたことを、一九九一年になって認めた。大会当時は何の薬か知らなかったという

ドーピング裁判では旧東ドイツのスポーツ関係者のごく一部しか裁《さば》かれず、しかも罰金程度で終わってしまいました。薬物使用にくわしいコーチの多くは、その成果をもってドイツを離れ、世界各地で指導にあたっています。

ＩＯＣは各国にドーピングに関する法律の制定を求めており、ドイツでは二〇〇七年にドーピング防止に関する法律が制定されました。

Q3 ドーピングでメダルをはく奪された選手はいますか。

A3 一九八八年ソウル大会の男子陸上一〇〇メートル走決勝で、スタートから飛び出したカナダのベン・ジョンソンは、九秒七九という驚異的な世界新記録で優勝しました。「私が一番！」と右手の人差し指を立ててゴールインした写真は有名です。彼は前回のロサンゼルス大会では一〇秒二二で銅メダルでしたが、一九八七年の世界陸上競技選手権大会で九秒八三（のちに取り消し）という世界記録を出していました。

しかし競技後、ＩＯＣはドーピング検査で禁止薬物が検出されたとして、ジョンソンの金メダル*のはく奪を発表しました。検出されたのは筋肉増強剤ステロイドの一種スタノゾロールでした。ジョンソンは一九八一年から使用していたと証言していますが、さかのぼってロサンゼルス大会の銅メダルはく奪に

一九八八年ソウル大会の陸上男子一〇〇メートル決勝で優勝し、右手を高くかかげるベン・ジョンソン

＊……ジョンソンはイタリアの靴メーカーをスポンサーとしていた。当時多くの選手が薬物を使用していたとされるなかでのジョンソンの使用発覚には、ライバル大手靴メーカーの意向が働いたともいわれる。

はいたっていません。

国際陸上競技連盟は、ジョンソンの二年間の競技者資格停止と、世界記録の取り消しを決めました。その後ジョンソンは一九九二年のバルセロナ大会にカナダ代表として、三度目のオリンピック出場を果たしました。しかし一次予選は一〇秒五五で、準決勝進出まででした。その後に出場した競技会で、ふたたび筋肉増強剤テストステロンの服用が明らかになりました。

ベン・ジョンソンは陸上競技大会から永久追放となり、カナダ政府もスポーツ基金の受給資格を取り消しました。しかし陸上界はのちにコーチとしてのみ彼を認め、現在ではスポーツインストラクターの仕事についています。

他にも、アメリカの女子陸上選手マリオン・ジョーンズ**など、ドーピングで金メダルはく奪となった選手がいます。

Q4 ドーピングをなくすことはできないのですか。

A4 ベン・ジョンソンの事件は、薬物対策に消極的だったＩＯＣに大きな変化をもたらしました。一九九九年にはＩＯＣの主導で世界アンチ・ドーピング機関（ＷＡＤＡ）が設立されました。前年の一九九八年、フランスの自転車競技会ツール・ド・フランスで、大量のドーピング違反者が出たことも衝

二〇〇〇年シドニー大会でのマリオン・ジョーンズ

**……アメリカの女子陸上のマリオン・ジョーンズは、二〇〇〇年のシドニー大会で金メダル三個と銅メダル二個を獲得した。のちにドーピングで薬物使用が明らかになり、彼女はメダルを返還し、大会の記録は取り消された。

撃でした。

IOCがおこなっていたドーピング検査はWADAがおこなうことになりました。WADAは禁止薬物のリストの作成や、違反時の罰則規定の国際統一、反ドーピング教育などに取り組みました。それでもドーピングはなくならず、シドニー大会のマリオン・ジョーンズはじめ、アテネ、北京、ロンドン大会*でもドーピングによる失格者が出ており、WADA**の活動が注目を集めています。

薬物には、興奮剤や筋肉増強に効果のあるステロイド、持久力を高めるエリスロポエチンなどがあげられますが、薬物検査で発見されにくい新種がつぎつぎと生まれています。また、事前に採血した自分の血液を、競技直前に輸血して持久力を上げる、血液ドーピングというものもあります。さらにチェックが難しいと警戒されているのが遺伝子ドーピングです。これは先天性疾患などの治療のために開発された遺伝子療法を使ったもので、特定のホルモンをつくる遺伝子のDNAを手足の筋肉に注入して、パワーやスタミナを上げる筋肉をつくりだすというものです。

ドーピングはたんにスポーツ界の問題ではなく、東ドイツの場合を見てもわかるように、社会全体の問題といえます。選手本人の意志でなくても、服用せざるをえない場合もあるでしょう。ナショナリズムや商業主義のスポーツへの浸透《しんとう》は、勝利のためには手段を選ばないという考え方、勝利至上主義を蔓延《まんえん》させ

*……ロンドン大会の女子砲丸投げのナジェヤ・オスタプチュク（ベラルーシ）は金メダルはく奪となった。

**……二〇一五年一一月、WADAはロシアの陸上競技界で組織的なドーピングがおこなわれていると報告し、かかわったコーチ、医師、選手を永久追放すべきだと勧告した。この中には二〇一二年のロンドン大会女子八〇〇メートル走金メダルのサビノワ、同銅メダルのポイストゴワもふくまれている。さらに、二〇一六年のリオデジャネイロ大会をふくむ陸上競技に、ロシアを出場させないようにとも勧告した。リオデジャネイロ大会では五つの競技で一〇〇人以上のロシア選手が出場不可能となり、パラリンピックにもロシア選手団は参加できなくなった。二〇二〇年東京大会でも、ロシアの疑惑は未解決である。代表チームとしての参加は認められず、ドーピングに関係しない選手は個人資格での参加となりそうだ。

せてきました。ドーピングは巨額の報酬がからむビジネスで、犯罪組織もからんできます。ナショナリズムや商業主義によるスポーツの利用が続くかぎり、つぎつぎに新しい手法が登場してくることが心配されます。

18 オリンピックと商業主義

オリンピックの商業主義化をすすめたサマランチ第7代IOC会長

オリンピックで金もうけをしようという極端な商業主義が導入されたのは、一九八四年の第二三回ロサンゼルス大会でした。その背景には、大会規模が大きくなり、開催地に大きな財政的負担が生じていたことがあります。

ロサンゼルス大会では税金をいっさい使わず、大会運営を民間の資金だけでまかなったところ、二億一五〇〇万ドルもの利益を上げました。オリンピックは赤字を残す困りものどころか、もうかるビジネスとなったのです。

Q1 聖火リレーが売りに出されたというのは本当ですか。

A1 本当です。ロサンゼルス大会組織委員会のユベロス委員長は、政府などからの補助金をいっさい使わず、民間資金による大会運営をめざして、聖火リレーの有料化を提案しました。東海岸のニューヨークから西海岸のロサンゼルスまで、アメリカを横断する大規模な聖火リレーをおこない、三〇〇〇

一九八四年ロサンゼルス大会の聖火トーチ

ドルを寄付した人や企業などに、走者を指定する権利（もちろん自分が走者でもよい）を与えるというものです。

オリンピックでは通常、聖火はアテネから開催都市まで飛行機で運び、開会式の会場まで聖火ランナーがリレーして点火していました。聖火を管理するギリシアのオリンピック委員会は、聖火を金もうけに使うのはよくないといって、提案に強く反対しましたが、結局ユベロス委員長の説得に折れました。

こうして、一般市民でも高額の金を払えば聖火ランナーの権利を買えるようになりました。委員長はのちに、寄付金を地域のＹＭＣＡなどの非営利団体に渡し、「聖火リレーを売ったのではない。寄付を集めたのだ」と主張しました。

アメリカは前回一九八〇年のモスクワ大会をボイコットしており、ロサンゼルス大会への国民の関心は高くありませんでした。「有料聖火リレー」は、国民の関心を引くための企画だったともいわれます。

◆映画『フォックスキャッチャー』（二〇一四年、ベネット・ミラー監督）

アメリカ人のマーク・シュルツと兄デイヴは、一九八四年のロサンゼルス大会レスリング競技でそれぞれ優勝した。デュポン財閥のジョン・デュポンは、つぎのソウル大会での金メダルをめざすレスリングチームを屋敷内に私的に結成し、ふたりを招く。アマチュア選手をとりまく厳しい環境、富裕者によるスポーツの私物化、自己宣伝、選手への人格的支配など、シリアスな問題が実話の事件をもとに提示されている。

Q2 競技開始時間はテレビ放送の都合で決まるのですか。

A2 一九八八年のソウル大会。注目の陸上男子一〇〇メートル走決勝は、当初は九月二四日の午後五時に予定されていました。オリンピックの決勝種目はふつう、選手のコンディションを考えて、開催地の午後から夜にかけておこなわれます。ところが決勝は午後一時三〇分、もっとも暑い時間帯に変更になりました。

このときの男子一〇〇メートル走は、アメリカのカール・ルイスとカナダのベン・ジョンソンの対決で、世界の関心を集めていました。しかし当初の開始時刻の午後五時は、アメリカでは夜中でした。生中継をしてもテレビを見る人は少なさそうなので、これではアメリカの放送局に高い放送権料で売ることができません。

競技時刻は各スポーツの国際競技連盟が決めます。組織委員会と国際陸上競技連盟との間で決勝時間のくり上げについて交渉がおこなわれ、アメリカの夜のゴールデンタイムにあわせて午後一時三〇分開始に変更されたのです。そのうえで、アメリカのNBCテレビは放送権料を三億ドルで購入しました。

二〇〇八年の北京大会では、体操と水泳の決勝が午前中となり、体操は昼食時間をはさんだ時間帯となりました。これもアメリカのNBCがゴールデンタイムでの決勝を要求したからでした。この時間帯に競技するのは選手の負担が大きいため、国際水泳連盟や一部の選手は反対しましたが、約九億ドルもの放送権料を払うというNBCの要求にそわないわけにはいきませんでした。

アメリカの視聴者は寝る前のひとときにテレビのオリンピック中継を楽しみ、NBCは高視聴率をかせいで巨額の放送権料を上まわる利益を得られます。そ

＊……一九八七年と一九八八年の韓国ではサマータイムが実施され、現在の午後一時にあたる。

＊＊……北京大会の体操女子にはナスティア・リュウキン、水泳ではマイケル・フェルプスという有力選手がいて、いずれもアメリカのテレビ局が期待するスター選手だった。

のために体操と水泳の選手は、ベストな状態で競技することをあきらめさせられたのです。***

Q3 オリンピックのスポンサーとは誰のことですか。

A3 今日オリンピックの財政を支えているのは、テレビの放送権料と、スポンサー企業による協賛金だといわれます。

オリンピック・スポンサーの歴史は古く、一八九六年の第一回アテネ大会ではコダックが広告を出していました。一九六四年の東京大会では二五〇企業がスポンサーとなり、競技の計時は外国*の時計会社に代わって日本のセイコー**が担当しました。しかし、これらはまださほど大きな収入ではありませんでした。

ロサンゼルス大会***では、五輪（オリンピック）マークなどを使用できるスポンサー企業を「一業種一社」に限定し、協賛金額を最低四〇〇万ドルとしました。たとえば、飲料の業種ではコカ・コーラとペプシの競争となり、コカ・コーラが「一二六〇万ドルの協賛金と現物支給」という条件で公式スポンサーとなりました。ハンバーガーで協賛企業になったのは、マクドナルドでした。その結果、三〇社以上の企業が計一億五〇〇〇万ドル以上の協賛金を出し、大会は巨額の黒字を生みました。

***……二〇二〇年東京大会では、陸上九種目、バスケットボール、ビーチバレー、競泳などの決勝が午前中におこなわれる。

*……従来は公式計時をスイスのオメガとロンジンが独占していた。

**……世界初の水晶発振式デジタル・ストップクロックなど、それぞれの競技に適した何種類ものタイマー、大型時計、大型表示装置が多数開発され、外国での販売を広げるきっかけとなった。

***……ロサンゼルス大会のときのスポンサー企業がもっていたのは、開催国アメリカ国内だけで通用する権利だった。

オリンピックのスポンサー制度にはランク付けがあり、ＩＯＣが契約する世界規模のＴＯＰ（The Olympic Partner）スポンサーや、開催地の組織委員会が契約する国内規模でのゴールドパートナー****などに分かれています。ＴＯＰスポンサーは協賛金が一社四〇〇〇万ドル以上で、現在一四社*****、うちアメリカが六社で、日本はパナソニック、ブリヂストン、トヨタ自動車の三社です。

収益は組織委員会が五〇パーセント、ＩＯＣが一〇パーセント、残りが二〇〇を超える国と地域のＮＯＣに分配されますが、このしくみの生みの親ともいわれるアメリカオリンピック委員会の取り分が飛びぬけて大きく、その半分といわれます。

スポンサー******料はＩＯＣの莫大な収入となり、ＩＯＣや組織委員会はひとにぎりの大企業*******に特権を認めています。

Q4 オリンピックの放送権料はどのように決められているのですか。

A4 オリンピックをテレビやラジオなどで放送する放送権は、ＩＯＣが直接販売しています。放送権を買える放送局は各国で一社だけです。その一社がその国内にのみ、大会のようすを放送できます。それ以外の放送局は、ニュースでわずかにしか流せません。この方式は一九九二年のアルベールヴィ

****……二〇二〇年東京大会の組織委員会はＮＥＣ、キヤノン、ＮＴＴなど一五社とゴールドパートナーとして契約。日本国内の全スポンサーの契約総額は三〇億ドル以上とされる。

*****……二〇二〇年東京大会をふくむ二〇二四年までのＴＯＰスポンサーは、コカ・コーラ、ＶＩＳＡ、ＧＥ、ダウ・ケミカル、Ｐ＆Ｇ、インテル（アメリカ）、サムスン電子（韓国）、アトス（フランス）、オメガ（スイス）、アリババ（中国）と日本の三社である。マクドナルドは二〇一七年に撤退。

******……ＩＯＣによると、二〇〇五年から二〇〇八年（トリノ冬季大会、北京大会）のＴＯＰの協賛金の総額は、八億六六〇〇万ドルである。

*******……長野冬季大会の一年前のプレ大会のとき、地元の人びとが競技会場で豚汁と長野名物のおやきを配ろうとしたが、認められなかった。食べ物の独占的権利を、ＴＯＰスポンサーのマクドナルドがもっていたためといわれる（谷口源太郎『スポーツ立国の虚像』花伝社、二〇〇九年）。

ル冬季大会とバルセロナ大会からはじまったもので、それ以前はＩＯＣではなく各大会の組織委員会が販売していました。

テレビで初の実況中継がおこなわれたのは、一九六〇年のローマ大会です。その放送権料はアメリカ、ヨーロッパ、日本で合計約一二〇万ドルとなり、つぎの東京大会でも放送権料は組織委員会とＩＯＣの貴重な収入となりました。

一九八四年ロサンゼルス大会では、大会組織委員会がアメリカの三大放送局ＮＢＣ、ＣＢＳ、ＡＢＣを競争させ、ＡＢＣが史上最高額の二億二五〇〇万ドルで放送権を獲得しました。この大会の放送権料とスポンサーの協賛金は、大会収入の五五パーセントにもなりました。

そして一九九五年、ＩＯＣは開催地未定を含む二〇〇八年までの夏季・冬季五大会のアメリカでの放送権について、総額三五億五〇〇〇万ドルでＮＢＣと長期契約を結びました。[*]二〇一一年には二〇二〇年までの夏季・冬季大会の放送権もＮＢＣと契約しています。日本は、ロサンゼルス大会以来、ＮＨＫと民放が共同で放送権を購入しており、二〇一八年から二〇二四年までの四大会の放送権を約一一〇〇億円で契約しています。[**]

このように、数回の大会の放送権をまとめて売るのは上手な商売です。放送権料はどんどん高くなり、しかも、大会の全収入の半分を占めるといわれる放送権料の多くは、アメリカのたったひとつの放送局から得ています。収入を優

＊……最初に複数大会の同時契約をしたのは、オーストラリアの放送局だった。一九九六年のアトランタ大会と二〇〇〇年の自国でのシドニー大会をセットにして契約交渉したのである。

＊＊……ＮＢＣは二〇二〇年までもっていた権利を、二〇三二年までの夏冬六大会分、七六億五千万ドル（約七八〇〇億円）で延長する契約を結んだ。日本は二〇二六年から二〇三二年までの四大会分を九七五億円で契約した。

先することによって、競技**の開始時間も、放送権をもつアメリカ企業一社の意向に左右されるようになりました。

**……競技時間だけでなく、新しい競技の導入についてもテレビの存在は無視できない。スノーボードやビーチバレーが導入された背景には、テレビ映りのよさも指摘される。

19 オリンピックと現在

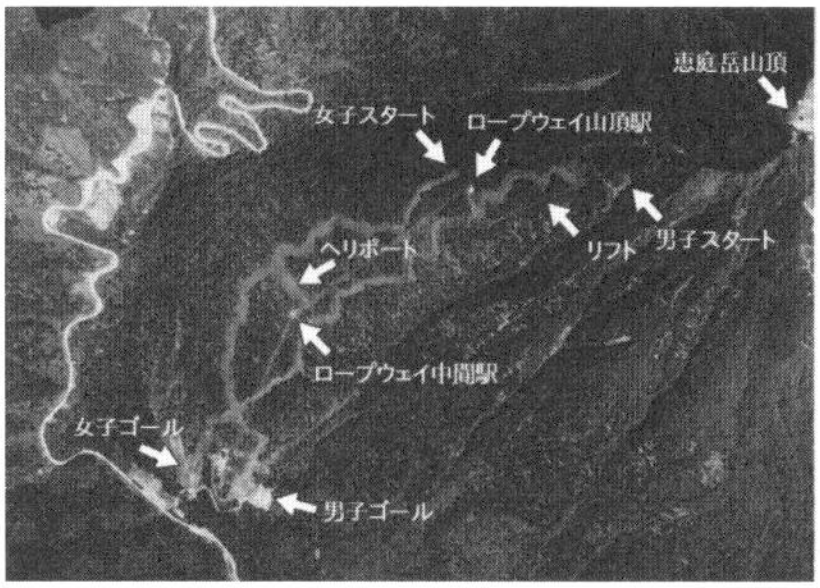

1972 年札幌冬季大会でスキー滑降のコースとなった恵庭岳。山腹を広く削ってコースがつくられた。写真は大会の 4 年後のものだが、復元は遠い

華やかなオリンピックには、つぎのような厳しい批判の声もあります。「オリンピックは政治支配者と大企業家によって、国威《こくい》発揚《はつよう》と商業主義が結びついた勝利至上主義*の大スポーツイベントになっている。IOCは、いまやそのイベントをおこなう国際的な興業集団だ。」

巨大化するオリンピックは、誰のためにあるのでしょうか。

Q1 オリンピック招致に反対する運動があるのですか。

A1 あります。とくに冬季オリンピックでは環境保護団体から、競技施設やスキーコースの建設などによって自然が破壊されるとして、反対の声があがります。この問題が表面化したのは一九七二年の札幌冬季大会で、コース**建設のため山腹の樹木が広範囲に伐採《ばっさい》されたためでした。

*……勝つことだけを目的として最優先に求める考え・立場。フェアプレーや選手の立場、育成が軽視されやすくなる。

**……札幌冬季大会の恵庭岳ダウンヒルコースは、大会終了後に復元するという約束のもと設置され、大会後に植林がおこなわれた。

続く一九七六年の冬季大会の開催地は、アメリカのコロラド州デンバー***でした。しかし、コロラド州では開催が正式決定した直後から、自然破壊と経済的負担の大きさなどを理由に反対運動が起こりました。

反対運動では、デンバー市がオリンピックのために五〇〇万ドル****の債権を売りに出すことが焦点となり、一九七二年一一月、大統領選挙と同時にオリンピックの債権問題が住民投票にかけられました。結果は債権反対が多数となり、組織委員会は大会の返上を決定しました。別の開催地を決めるのはたいへんでしたが、大会開催経験のあるスイスのインスブルックに決まりました。

一九九四年、オリンピック憲章に環境に配慮することが明記され、翌年のIOC総会では「スポーツと環境委員会」が設置されました。しかし一九九八年の長野冬季大会でも、ふたたび自然破壊が問題になりました。スキーの滑降《かっこう》コースのスタート地点はなかなか決まらず、バイアスロン*****の会場も変更されました。またリュージュやボブスレーの会場では、氷をつくるために使うアンモニアや不凍液《ふとうえき》が問題となりました。

二〇一八年の冬季大会の開催地である韓国の平昌《ピョンチャン》では、莫大な******経費と大会後の施設利用問題などから反対運動が起こり、返上すべきだとの声もあがりました。二〇三〇年以降の開催を招致している札幌はどうなるのでしょうか。

***……デンバーは一九七〇年のIOC総会でスイスのシオンと競合して決定された。デンバーはロッキー山脈のふもとにある都市で、一九七六年はアメリカ独立から二〇〇年、コロラド州誕生からちょうど一〇〇年目にあたり、大々的なイベントが考えられていた。

****……市が債権を売り資金を得ることは、債権を買った人に市が借金をするということである。実際には冬季大会の施設の整備のため、さらに莫大な資金が必要だった。投票は「黒い九月事件」のミュンヘン大会から二カ月後で、テロへの不安も強まっていた。結果は債権に反対が五二万票、賛成が三五万票、このため州や連邦政府の補助金も出ないことになり、返上となった。

*****……当初会場に予定されていた白馬村で、ワシントン条約保護対象のオオタカの営巣とヒナが確認された。

******……二〇二二年の冬季大会の開催地は、ストックホルム、オスロなどの都市が立候補を取り消した（北京に決定）。

◆映画『札幌オリンピック』（一九七二年、篠田正浩監督）
スキージャンプでの日本選手の活躍や、女子フィギュアスケートのジャネット・リンを描く。

Q2 オリンピックでは、なぜ青色の柔道着が使われるのですか。

A2 [*]日本国内の柔道の試合では、白色の柔道着以外は認められていません。しかし、オリンピックなどの国際大会では、白色と青色の柔道着の選手が対戦します。カラー柔道着が登場したのは一九八八年で、国際大会に正式に導入されたのは一九九七年、オリンピックでは二〇〇〇年のシドニー大会からでした。

一九九〇年代はオリンピックの競技種目数がいちだんと増加し、種目の見直しがはかられました。各競技関係者は、自分の競技がなくならないよう、さまざまな取り組みをはじめました。もっとも重要なのは人気度です。[**]テレビ中継を意識してルールを変えた競技もありました。試合時間の短縮もあげられます。

選手が組み合う柔道では、カラー柔道着の導入がおこなわれました。観客や視聴者には、対戦者の色がちがうほうがわかりやすく、審判のまちがいも減るという理由でした。伝統を重んじる日本の柔道界はしぶしぶでしたが、東京大会無差別級優勝者のヘーシンク（オランダ）も、カラー柔道着を支持しました。

柔道はルールも変わりました。日本柔道には体重別の試合はありませんでしたが、オリンピックに柔道が正式採用された東京大会では、軽・中・重・無差

白色と青色の柔道着。二〇一二年ロンドン大会の柔道

＊……二〇一六年、学生柔道連盟はカラー柔道着の導入を決定した。

＊＊……テレビ向けのルール改正で代表的なものは、バレーボールのラリーポイント制の導入である。陸上競技のフライングのルール改正もあげられる。現在はフライング一回で失格である。

別の四階級制となり、現在では七階級で試合がおこなわれています。判定も、かつては「一本」と「技あり」だけでしたが、より細かいポイント制に変わり、攻撃をかけつづけていないと「指導」というマイナスのポイントを取られることになりました。

こうした変化は、柔道が日本の民族スポーツから、世界の国際スポーツになったことを意味します。しかし別の見方をすれば、世界がひとつだけの価値観に支配され、個々の民族性が失われると心配する声もあります。国際的な統一化には、長所と短所があります。

青色の柔道着を着るのは、トーナメント表で先に名前があるほうの選手と決められており、選手は二色の柔道着を用意します。

柔道は世界中で親しまれるようになった

Q3 長野冬季大会では、お金の使われ方が問題になったのですか。

A3 一九九八年の第一八回冬季大会の長野開催は、一九九一年のイギリス・バーミンガムのIOC総会での投票で決まりました。長野への招致活動が華々しくおこなわれ、*長野を訪れたIOC委員への過剰な接待《せったい》が明らかにされています。開催地決定の一カ月前に長野を訪れたサマランチIOC会長には、成田空港近くから特別臨時列車が用意され、長野にスキー場やホテルなどをも

*……長野を訪れたIOC委員は六〇人にのぼった。

つ西武グループのオーナーであった＊＊堤《つつみ》義明・前JOC会長も同乗したようです。

長野開催の決め手となったのは、投票直前に、長野が参加選手の＊＊＊渡航《とこう》費や宿泊費の負担などを公約したからといわれます。しかし長野に決定後、財政難を理由に公約の撤回を発表、各国からの非難を受けて再度修正することになりました。＊＊＊＊招致活動に関する費用は、県からの交付金を含め二〇億円以上にのぼります。しかしその支出の内容については「会計帳簿《ちょうぼ》が行方不明」と報告され、明らかにされていません。

大会の運営費は当初、四〇〇億円とされていました。しかし七六〇億円に修正され、結局一〇八〇億円にまではねあがりました。大会の会場施設だけでなく長野新幹線の建設、上信越高速道路や各会場を結ぶ道路の整備などもふくめると、オリンピック関連の公共事業費は二兆円を超えるといわれます。県や関係市町村は、多額の地方債を発行して資金を調達しました。

「新たな開発は最小限に」といわれましたが、実際には開発による自然破壊が問題となり、建設業者のための大会だとの指摘や、新幹線や道路を公費でつくらせ、堤が経営するスキー場やホテルへのアクセスを確保したという批判も生まれました。

大会後は、競技施設の後利用も問題になっています。施設の巨額な維持管理費は、とても採算はとれていません。一六日間の大会は長野県と長野市に莫大

＊＊……長野冬季大会の招致活動を担った中心人物が堤義明である。堤はローザンヌにあるオリンピック・ミュージアムの建設に莫大な寄付をしている。「ジャパン・マネーが長野オリンピックを買った」ともいわれた。

＊＊＊……この問題は、組織委員会が選手一人あたり一〇〇〇ドルまで支給することになった。

＊＊＊＊……東京は二〇一六年招致では約一五〇億円、二〇二〇年招致では約七五億円の招致活動費を計上した。その収支について、招致委員会は充分な情報公開と説明責任をはたしておらず、メディアの追及もない。二〇一六年には東京大会招致をめぐる不正疑惑が国会でもとりあげられている。

堤義明（左）とサマランチ（一九九〇年撮影）

な借金を残し、そのしわよせが福祉の縮小や公共料金の値上げなどになっているといわれます。

Q4 開催地の招致のために、買収がおこなわれたのですか。

A4 一九九八年、第一九回ソルトレークシティ冬季大会（二〇〇二年）の招致に関する買収疑惑が明らかになりました。招致委員会がアフリカや中南米などのＩＯＣ委員に、多額の現金や贈り物*を渡していたのです。招致委員会は、アフリカの複数のＩＯＣ委員に対して、子弟への奨学金の供与やスポーツ振《しん》興《こう》の名目で資金を提供したことは認めましたが、あくまで支援であり買収ではないと主張しました。対象は冬季オリンピックに関心の薄いアフリカなどの委員でした。

招致合戦が激しくなったのは、オリンピックをビジネス化して大成功させたロサンゼルス大会以降です。内部告発をおこなったホドラー**ＩＯＣ理事は、一九八〇年代後半より、各国の招致委員会から高額の手数料をとって開催地決定会議の票を集めるブローカー（仲介者）が暗《あん》躍《やく》するようになったといいます。

***ＩＯＣは、ソルトレークシティ大会招致にかかわって買収された委員の氏名を公表し、六人の追放をふくむ二〇人の処分をおこないました。しかし、ヨー

*……サマランチ会長にも二丁の銃が贈られていたが、会長はＩＯＣへの贈り物と弁明した。

**……ホドラー理事はベテランのＩＯＣ委員で、長らく国際スキー連盟の会長をつとめ信望も厚かった。

***……ＩＯＣが設けた特別調査委員会には外部の人間はおらず、ＩＯＣの姿勢を疑う見方もある。

ロッパ出身の委員や大物委員の追放はありませんでした。
　また、第一八回長野冬季大会や第二七回シドニー大会の招致時にも、IOC委員に対する過剰な接待があったことが明らかにされました。シドニーの組織委員会は開催地決定の投票前に、スポーツ振興という名目でケニアとウガンダの委員に資金を渡していました。イメージダウンと企業が手を引くことを恐れるIOCは、釈明に努めて改革委員会を設置し、開催候補都市****へのIOC委員の訪問の禁止など、五〇を超える改革を決定しました。
　現在では「公正」とされる選定制度が導入され、オリンピックの開催地は当該オリンピックの開催年の七年前*****のIOC総会で決定されます。立候補都市が多い場合はIOCが候補をしぼり、残った都市のなかで、ひとつの都市が過半数を獲得するまでくり返し投票をおこない決定します。二〇二四年******の大会に立候補していたパリとロサンゼルスは、それぞれ二〇二四年と二〇二八年の開催地に決まりました。

Q5 オリンピックは国別対抗ではないのですか。

A5 オリンピックの目的のひとつは、友好親善の場をつくることです。オリンピックで重要なことは「勝つことではなく参加することである」とも

****……IOC委員は開催候補地を訪問できないので、かわりに評価委員会が候補地を訪れ報告書を作成する。IOC委員はこの報告書を検討して投票にのぞむ。現地の招致委員会は直接IOCと接触できなくなったため、莫大な費用を払い、ロビイストを通じて活動する動きが生まれたといわれる。

*****……二〇一九年IOCは「未来の開催地委員会」を設け、いつでも、いつの大会についても立候補を受け入れると変更した。

******……二〇一五年には、立候補していたボストンとハンブルクが、二〇一六年にはローマが、巨額の開催費用などを理由に立候補を取り消した。

いわれます。そして、オリンピックは基本的には個人やチームのあいだで競われるもので、国対国*で競うものではありません。オリンピック出場を優先して、国籍を変える選手もいます。しかし現実には、商業主義と国威発揚**を背景とした、国家間のメダル獲得競争の場となっています。

近代オリンピックは平和主義、国際主義という理念をかかげました。しかし開催を実際に支えてきたのは、民族主義や国家主義のナショナリズム***でした。なぜならば、オリンピックが誕生した一九〇〇年前後は、植民地獲得や領土拡大を求めて欧米諸国が争った帝国主義の時代でした。大国はみずからの優越性を、小国はその存在をアピールするために、参加選手に勝利、優勝を求めました。第一回のアテネ大会も、ギリシア国民の強いナショナリズムに支えられていました。

オリンピックは国威発揚の場となり、選手や観客はいやおうなしに愛国心の高まりを覚えました。ナチス****はこの点で最大限にオリンピックを利用したといえます。

第二次世界大戦後は、冷戦下で戦争のかわりのように米ソのメダル獲得競争がおこなわれ、ソ連崩壊後は中国*****の台頭が目立っています。二〇〇八年の北京大会では、アメリカを上まわる金メダル五一個をふくめ、一〇〇個のメダルを獲得しました。オリンピックは中国の国際的威信を高めただけでなく、好成績

*……公式の国別の成績表はない。

**……政治、経済、文化、軍事などの面で、自国の威力、威信を国内外に大きくアピールし、強めようとすること。

***……クーベルタン自身のオリンピック復興の動機にも、プロイセンとの戦争で敗れたフランスの強烈なナショナリズムがあった。

****……ナチスはオリンピックを国威発揚の場として聖火リレーや開会式などを利用した。

*****……戦後、中国は台湾問題などからオリンピック不参加が続き、一九六四年の東京大会にも参加していない。中国のＩＯＣ加盟は一九七九年、初めて中華人民共和国として参加した一九八四年のロサンゼルス大会では一五個の金メダルを獲得した。以後オリンピックは国威発揚の場と位置づけられ、メダル獲得に邁進している。

によって国内の格差拡大や人権問題、環境問題などへの国民の不満をそらす役割もはたしていると指摘されます。

日本もまた、メダル獲得の話題ばかりが目につきます。テレビや新聞、ネットなどのメディアは「がんばれ！　ニッポン！」キャンペーンをはり、政治家はオリンピックでの「日の丸」や「君が代」をナショナリズムや愛国心の高揚に結びつけようとしています。二〇一三年、日本オリンピック委員会は、二〇二〇年東京大会での金メダル獲得数世界三位（数として二〇～三三と予測）、実施競技すべてでの入賞（八位以内）を目標とすると決定しています。

北京大会の際、かってその郊外で起きた盧溝橋《ろこうきょう》事件から全面的な日中戦争がはじまったこと、日本軍が北京を占領したことに思いを寄せた日本人は、どのくらいいたでしょうか。メダル獲得競争や勝利至上主義は、人間らしい連帯や共感にはほど遠いものです。スポーツやオリンピックの原点は何か、考えるときではないでしょうか。

◆映画『ミラクル』（二〇〇四年、ギャビン・オコナー監督）
レーク・プラシッド冬季大会（一九八〇年、アメリカ）のアイスホッケーで、アメリカチームが最強豪のソ連チームを破り、金メダルを獲得した実話を描く。大会直前一二月のソ連軍のアフガニスタン侵攻に対抗し、一月カーター大統領は七月のモスクワ大会ボイコットを主唱していた。冬季大会は二月。米ソ間に張りつめた緊張のなかでの勝利は、アメリカ人を熱狂させ、「氷上の奇跡」と呼ばれた。

映画の制作は二〇〇一年の九・一一事件後で、新たな「敵」の出現を前に、強いアメリカの記憶の再生、ナショナリズムの鼓舞がはかられていた。

20 これからのオリンピック

スポーツクライミングもオリンピック競技に加えることが提案されている

オリンピックは夏季・冬季あわせてこれまで五〇回以上おこなわれてきました。開催地はヨーロッパと北アメリカに集中しています。大会参加者と競技種目は増加し、大会の開催には巨額の費用がかかるようになりました。オリンピックはこれからどのようになっていくのでしょうか。

Q1 競技種目は、もっと増えていくのですか。

A1 オリンピックの競技種目数*は増加の一途をたどってきました。どの競技を採用するかはIOC総会で決定され、その基準はオリンピック憲章で定められています。その条件は、夏季大会の場合、男子では四大陸・七五カ国以上、女子の場合三大陸・四〇カ国以上でおこなわれていること、動作が機械

*……たとえば「陸上競技」が競技で、「男子一〇〇メートル走」が種目である。

的な力に頼らない競技であることなどです。

大会の巨大化が問題になるなか、二〇一三年ＩＯＣは、前年のロンドン大会で実施された二六競技中二五競技を選び、二〇二〇年東京大会の「中核競技」と決めました。レスリングは第一回アテネ大会からつづく競技ですが、人気度や競技人口などを理由に除かれました。実施競技数は、この二五競技を入れた二八が上限と決められ、残りの競技は大会ごとの追加枠とされました。

しかしこの決定はすぐに変更され、レスリングはオリンピックに残ることになりました。そして二〇一六年のリオデジャネイロ大会は二八競技三〇六種目でおこなわれ、かつておこなわれていたゴルフとラグビー**が復活することになりました。

二〇一四年になるとＩＯＣは競技数の上限を撤廃し、種目数での制限を考えました。種目数の上限は三一〇、選手の総数は一〇五〇〇人以下とされます。また、さらにこれとは別枠で、開催都市が提案できる追加競技種目を設けました。二〇二〇年東京大会の組織委員会は、追加競技種目として野球***・ソフトボール、空手、ローラースポーツ****（スケートボード）、スポーツクライミング、サーフィンの五競技一八種目を提案しＩＯＣに認められました。巨大化を止めるのはとても難しいことです。何かよい方策はないでしょうか。

ゴルフがオリンピックに復活するのは、一九〇四年セントルイス大会以来、一一二年ぶり。写真はセントルイス大会の優勝者ジョージ・リオン

**……このラグビーは七人制。一五人制のゲームと同じサイズのグラウンドと、実質的に同じルールによって試合がおこなわれる。

***……「野球・ソフトボール」で一競技、「野球男子」「ソフトボール女子」で二種目。

****……ローラースポーツ、スポーツクライミング、サーフィンの採用は、ファッション性とエンターテインメント性の強い競技を求めるＩＯＣの意向を反映させたもの。ローラースポーツ（スケートボード）については、この競技がさかんなアメリカでの放送権をもつテレビ局ＮＢＣによるＩＯＣへの働きかけがあったといわれる。

Q2 水着の「レーザー・レーサー」はどうして禁止されたのですか。

A2 二〇世紀のはじめごろ、水着の素材は羊毛（ウール）で、水に濡れると重くなりました。形は男性の場合も上半身までをおおうタンクトップ型で、下半身だけの男性用水着がオリンピックに登場したのは、一九三六年のベルリン大会からでした。

その後、水着の面積はどんどん小さくなっていきますが、一九九〇年代になると水の抵抗を小さくする繊維が開発され、肌を露出するよりも水着でからだをおおったほうがよい記録が出るとして、男性用もふくめ全身をおおう水着が登場しました。

「レーザー・レーサー」は、イギリスのスピード社がアメリカの航空宇宙局（NASA）などの協力を得て開発した競泳用水着です。縫《ぬ》い目がなく、超音波で接着するため水との摩擦が少なく、水をほとんど吸わない薄くて軽い素材でつくられています。二〇〇八年の北京大会では、この水着を着用した選手によって多くの世界記録が生まれました。けれども、この*全身スーツ形の水着は装着に時間がかかり、またかなり高価であるため、公平さの点で問題でした。

結局、国際水泳連盟は、水着の素材は「繊維を織る・編む・紡《つむ》ぐという工程

レーザー・レーサー

*……締めつける力が非常に強いため、着用には二、三人がかりで二〇分かかり、価格は全身タイプで約七万円という。なお、二〇二〇年には陸上長距離の厚底シューズ（ナイキ社）の使用が問題となり、世界陸連が規定の改正をおこなったが、現行モデルは東京大会で使用可となった。

でのみ加工した素材」に限定し、フィルム状の素材を貼りあわせた水着は二〇一〇年の国際大会から禁止となりました。また水着がからだをおおう範囲も、プール競技では男性用は臍《へそ》から膝まで、女性用は肩から膝までとされ、足首までのスパッツなど広い面積をおおう水着の着用が禁止されました。オリンピックは選手の能力を競う場であり、メーカーの科学技術を競う場ではないという国際水泳連盟**の判断でした。

Q3 IOC（国際オリンピック委員会）は国連の組織ですか。

A3 ちがいます。IOCはスイスのローザンヌに本部をおく非政府組織で、非営利の民間団体です。IOCは、一八九四年に近代オリンピックの開催が決議されると同時に、クーベルタンら上流階級の有志一五人によって設立されました。委員*は基本的にはボランティアでした。現在でも私的クラブ**の側面が残っています。

オリンピック憲章***ではオリンピズムという理念がかかげられ、その目的は「人間の尊厳の保持に重きをおく平和な社会を奨励することをめざし、スポーツを人類の調和のとれた発展に役立てることにある」とされ、IOCをオリンピック運動の最高機関と位置づけています。IOCはさまざまな活動をおこな

**……競泳規則では、透けたり選手に浮力やスピードを与えたりする水着は禁止されている。ゴーグルやスイムキャップの着用は認められるが、テーピングは認められていない。

*……第六代会長キラニンによると、彼がIOC委員になった当時（一九五二年）の委員には国家元首一人、王子三人、大公一人、爵位をもつ者八人、ナイト（騎士）の称号をもつ者が三人いたという。（小川勝『オリンピックと商業主義』集英社、二〇一二年）

**……財務は一般に公開されず、会議からマスコミも締め出されている。

***……オリンピック憲章には、「オリンピズムは肉体と意志と精神のすべての資質を高め、バランスよく結合させる生き方の哲学である。オリンピズムはスポーツを文化、教育と融合させ、生き方の創造を探求するものである。その生き方は努力する喜び、良い模範であることの教育的価値、社会的な責任、さらに普遍的で根本的な倫理規範の尊重を基盤とする」とある。一〇五ページを参照。

いますが、もっとも重要な役割は、夏季・冬季の大会を地元の組織委員会を指導して開催することです。

　ＩＯＣ委員の定員は現在一一五人、内訳は個人委員七〇人以下、各国の国内・地域オリンピック委員会（ＮＯＣ）の代表一五人以下、国際競技連盟の代表一五人以下、選手代表一五人以下と決まっています。日本からは、柔道の嘉納治五郎が一九〇九年に初のＩＯＣ委員になりました。委員は通常、年一回開催される総会で選任されます。ＩＯＣ委員は各国の代表ではなく、オリンピック運動のためにＩＯＣから派遣された大使という位置づけになります。委員はＩＯＣの公用語であるフランス語か英語を話せなければなりません。

　現在、委員の定年は七〇歳ですが、かつては定年がなかったため、「老人クラブ」と批判されたりもしました。また、委員はＮＯＣの推薦とはいいながらＩＯＣ****が選出するため、複数*****の委員を出している国がある一方、まったく派遣していない国も半数以上あります。こうした現状に対して、時代の変化に合っていないという批判も出されています。

Q4 大会のマスコットキャラクターはいつからあるのですか。

スイス・ローザンヌにあるＩＯＣ本部

****……現在では、会長以下一五人で構成される理事会が候補者を総会に提案し、過半数の信任を得た者が新委員となる。

*****……ＩＯＣ委員はヨーロッパからの選出が圧倒的であり、オリンピックはヨーロッパのものという印象ももたれている。二〇二一年時の委員数は一一一人、内訳はヨーロッパ四七人、アメリカ二〇人、アジア二四人（日本からは一人）、アフリカ一五人、オセアニア五人となっていた。二〇二〇年、日本は山下泰裕ＪＯＣ会長が委員となり二名となった。

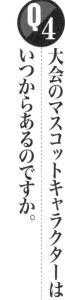

A4

マスコットキャラクターは、正式には一九七二年のミュンヘン大会で登場しました。ドイツ原産の犬のダックスフント「バルディー」です。非公式には、一九六八年のグルノーブル冬季大会（フランス）での謎のスキープレイヤー「シュス」や、同年のメキシコシティ大会の「赤いジャガー」や「平和の鳩」などがあげられます。

オリンピックを金もうけの場にする商業オリンピックのはじまりというと、一九八四年のロサンゼルス大会があげられます。しかし、じつはミュンヘン大会から、資金集めのための大会エンブレムの商業利用や、大会マスコットの販売などがはじまりました。「バルディー」は世界各国でライセンス生産・販売され、ライセンス料は最低二四万五〇〇〇マルク*、五〇件の契約があったそうです。

その後、マスコットを定着させることになったのは、モスクワ大会（一九八〇年）の「こぐまのミーシャ」といわれます。ボイコットに見舞われた大会のなかで、ミーシャはプロモーション活動や大会会場で活躍しました。閉会式では、人文字でつくられたミーシャの目から、大きな涙がこぼれ落ちました。大会の終わりを悲しんだのでしょうか、それともボイコットに揺れた大会を悲しんだのでしょうか。

北京大会（二〇〇八年）では魚、パンダ、聖火、チベットカモシカ、ツバメ

*……二四万五〇〇〇マルクは当時の日本円で二三四二万円。

一九八〇年モスクワ大会の閉会式。涙を流す「こぐまのミーシャ」

を擬《ぎ》人《じん》化《か》した五つのキャラクターがつくられました。関連商品の売り上げが期待されると同時に、偽物の出まわりが心配されましたが、実際はどうだったのでしょう。ロンドン大会（二〇一二年）では、これまでの動物などとは一線を画《かく》し、スタジアムの建設材の鉄片からつくられた人形「ウェンロック」**（前述）がマスコットとなりました。

二〇二〇年の東京大会に向けては、二〇一五年***に発表された大会エンブレムが盗作と疑われ、まだ大会マスコットどころではないようです。新たなエンブレムは、二度目の公募と審査がおこなわれ、二〇一六年に決定されました。

Q5 南アメリカやアフリカではオリンピックが開催されないのですか。

A5

二〇一六年の第三一回大会は、ブラジルのリオデジャネイロで開催されました。これは南米では初めて、南半球でもオーストラリアのメルボルン、シドニーに次いで三回目の大会となります。リオデジャネイロの決定*は、二度の落選にもめげず挑戦しつづけた成果とされました。

オリンピックは国家による開催ではなく、都市が立候補して開催地となります。この背景には、スポーツは国家間で競うものではないという考えが基本にあります。オリンピック憲章には、立候補都市に関する細かい条件が書かれて

**……ロンドンパラリンピックのマスコットは色ちがいで、パラリンピック発祥の地とされる「マンデビル」と名づけられた（前述）。

***……デザイナー佐野研二郎が制作したエンブレムが、ベルギーの劇場のロゴマークと似ていると問題になった。選考過程の不透明さが指摘され、組織委員会はエンブレムの使用を中止して取り下げ、新たに野老朝雄（ところあさお）が制作した市松模様のものが採用された。

*……決定前、ブラジルオリンピック委員会会長を介して、ブラジル企業から二〇〇万ドルが元IOC委員の息子の関連会社に振り込まれ、この金が委員の買収に使われたと見られる。二〇一七年に会長は逮捕され、リオデジャネイロ州の元知事が賄賂を贈ったと証言した。

います。しかし、実際には開催国も大きくかかわらざるをえず、国をあげての招致、支援がおこなわれています。

開催には競技施設や宿泊施設の準備、情報や交通網の整備、警備などに巨額の費用がかかります。**このため一九七六年のモントリオール大会は巨額の赤字を出し、その後のIOCの総会で一九八四年の招致に積極的に立候補したのはロサンゼルスだけでした。一九八八年の大会も、立候補は名古屋とソウルの二都市だけでした。しかしロサンゼルス大会がオリンピックを商品化して大きな黒字を残したことから、その後は立候補都市が増えて招致活動も過熱し、一〇億円単位の招致費用が使われているといわれます。

二〇二〇年の大会開催地は東京、イスタンブール、マドリードの三都市にしぼられ、日本はスポーツ界だけでなく政界、財界、そして皇族***まで動員してロビー****活動をおこないました。これに対しイスタンブールは「イスラーム世界で初のオリンピック」、「東（アジア）と西（ヨーロッパ）を結ぶオリンピック」を訴えましたが、決選投票では東京六〇、イスタンブール三六で東京*****に決まりました。

これまでのオリンピックの開催地は、ヨーロッパと北アメリカに集中しています。アフリカで開催されたことはなく、アジアでもごくわずかです。近年はバンコク（タイ）、ドーハ（カタール）、バクー（アゼルバイジャン）なども立

**……モントリオールでは借金を返すための増税が実施され、三〇年後の二〇〇六年にようやく返済が終わった。返済総額二〇億ドルといわれる。

***……スポーツと皇族を結びつけ政治的に利用することには、かねてから批判がある。

****……IOC委員には原発事故に対する強い不安があったが、汚染水の影響は「アンダーコントロール（制御されている）」という、安倍晋三首相の事実と異なる発言が効いたと指摘される。原発事故の被災地では、いまだ一〇万人もの人が避難生活を強いられており、オリンピックの開催には疑問の声がある。

*****……決定前後に東京の招致委員会からリオと同じように約二億三千万円が元IOC委員の息子の関連会社に送金された。招致委員会の理事長は「正当なコンサルタント料」というが、疑惑は晴れていない。

候補しています。東南アジアや西アジア、中央アジア、そしてアフリカ******で、いつ平和と友情の祭典オリンピックが開催されるのでしょうか。

******……オリンピックと並ぶ国際大会であるサッカーのＦＩＦＡワールドカップは、大陸順のローテーションが決められている。二〇一〇年のサッカーワールドカップは南アフリカで開催された。このときにはエジプト、リビア、モロッコ、チュニジアが立候補していた。

〔**参考文献**〕（＊著者50音順）

相川俊英『長野オリンピック騒動記』（草思社，1998）
天野恵一編著『君はオリンピックを見たか』（社会評論社，1998）
アンドリュー・ジンバリスト，田端優訳『オリンピック経済幻想論――2020年東京五輪で日本が失うもの』（ブックマン社，2016）
猪谷千春『IOC』（新潮社，2013）
池井優『オリンピックの政治学』（丸善，1992）
石井正己編『1964年の東京オリンピック』（河出書房新社，2014）
伊藤公『オリンピック裏話』（ぎょうせい，2013）
上村英明『新・先住民族の「近代史」』（法律文化社，2015）
内田樹・小田嶋隆・平川克美『街場の五輪論』（朝日新聞出版，2014）
江沢正雄『オリンピックは金まみれ』（雲母書房，1999）
大谷要三『スポーツおもしろ史』（ぎょうせい，1988）
影山健ほか編著『反オリンピック宣言』（風媒社，1981）
クリス・オクスレード，デーヴィッド・ボールハイマー，成田十次郎監修『オリンピック大百科』（あすなろ書房，2008）
坂上康博・高岡裕之編著『幻の東京オリンピックとその時代』（青弓社，2009）
桜井万里子，橋場弦『古代オリンピック』（岩波書店，2004）
ジム・パリー，ヴァシル・ギルギノフ，舛本直文訳著『オリンピックのすべて』（大修館書店，2008）
ジョン・J・マカルーン，柴田元幸・菅原克也訳『オリンピックと近代』（平凡社，1988）
鈴木良徳『オリンピックの歴史』（ポプラ社，1975）
高峰修編著『スポーツ教養入門』（岩波書店，2010）
瀧澤次朗『オリンピックの秘密』（彩図社，2008）
谷口源太郎『スポーツ立国の虚像』（花伝社，2009）
ダフ・ハート・デイヴィス，岸本完司訳『ヒトラーへの聖火』（東京書籍，1988）
デイヴィッド・クレイラージ，高儀進訳『ベルリン・オリンピック1936』（白水社，2008）
トニー・ペロテット，矢羽野薫訳『驚異の古代オリンピック』（河出書房新社，2004）
西川亮，後藤淳『オリンピックのルーツを訪ねて』（協同出版，2004）
ニック・ハンター，稲葉茂勝訳著『しっているようでしらない五輪』（ベースボール・マガジン社，2012）
日本オリンピック・アカデミー編『オリンピックものしり小事典』（池田書店，1988）
日本オリンピック・アカデミー編『ポケット版オリンピック事典』（楽，2008）
日本障がい者スポーツ協会監修『まるわかり！　パラリンピック』全5巻（文研出版，2014-15）
橋本一夫『幻の東京オリンピック』（講談社，2014）
波多野勝『東京オリンピックへの遥かな道』（草思社，2004）
バーバラ・スミット，宮本俊夫訳『アディダスVSプーマ』（ランダムハウス講談社，2006）
フォート・キシモト，新潮社編『東京オリンピック1964』（新潮社，2009）
松瀬学『なぜ東京五輪招致は成功したのか？』（扶桑社，2013）
満薗文博『オリンピック雑学150連発』（文藝春秋，2012）
山本邦夫監修『スポーツ・体育ものがたり14　オリンピックものがたり』（岩崎書店，1990）
結城和香子『オリンピック物語』（中央公論新社，2004）
結城和香子『オリンピックの光と影』（中央公論新社，2014）
リチャード・マンデル，田島直人訳『ナチ・オリンピック』（ベースボール・マガジン社，1976）

〔写真提供元〕

◆カバー

［右列・上から］From N.S. Gill, About.com（http://www.flickr.com/photos/pankration/46308484/），CC表示／Public Domain／Public Domain／（右）Bilo77handball，CC表示・継承／（左）王伟00715（http://cc.nphoto.net/view/2008/12353.shtml），CC表示［中央列・上から］Public Domain／Public Domain／Public Domain／写真提供：共同通信社［左列・上から］Wknight94 talk，CC表示・継承／Public Domain

◆本文中（表示が必要なもののみ）

p3 著者／p21 Dennis Jarvis from Halifax, Canada（Greece-0530），CC表示・継承／p23 No machine-readable author provided. MatthiasKabel assumed（based on copyright claims）.，CC表示・継承／p24 G. dallorto，CC表示・継承／p25 From N.S. Gill, About.com（http://www.flickr.com/photos/pankration/46308484/），CC表示／p27 User: Bgabel at ウィキメディア・コモンズ shared，CC表示・継承／p29 Wknight94 talk，CC表示・継承／p31 Berthold Werner，CC表示・継承／p65 Hakilon，CC表示・継承／p70 Bundesarchiv, Bild 146-1976-033-17，CC表示・継承／p80 Amadalvarez，CC表示・継承／p90 Deutsche Fotothek，CC表示・継承／p91 Agnete，CC表示・継承／p96 Nijs, Jac. de / Anefo（Nationaal Archief），CC表示・継承／p100 提供：朝日新聞社／p103 提供：朝日新聞社／p104 著者／p106 Nationaal Archief/Anefo/Jac. de Nijs, via Nationaal Archief／p108 Christopher Johnson - Flickr: Women's soccer gains millions of new fans at London Olympics，CC表示・継承／p109 cormac70 from London（Katie Taylor），CC表示／p111 Martin Hesketh（Flickr: Olympic Judo London 2012（46 of 98）），CC表示／p114 EG Focus（120416 LOCOG Aerials_038 Uploaded by BaldBoris），CC表示／p116 提供：朝日新聞社／p118 提供：朝日新聞社／p121右 ProhibitOnions at the English language Wikipedia，CC表示・継承／p121左 http://www.flickr.com/people/69061470@N05，CC表示・継承，部分使用／p123 Sannita，CC表示・継承，改変／p124 提供：朝日新聞社／p125 Bundesarchiv, Bild 183-C1012-0001-026 / Kohls, Ulrich，CC表示・継承，部分使用／p126 提供：朝日新聞社／p130 gooch barard，CC表示・継承／p132 王伟00715（http://cc.nphoto.net/view/2008/12353.shtml），CC表示／p133 Ed Uthman from Houston, TX, USA（Holly Koester, 2007 Chevron Houston Marathon），CC表示・継承／p135 Marcello Casal Jr/ABr（Agência Brasil），CC表示／p136 Erik van Leeuwen，CC表示・継承／p141 写真提供：共同通信社／p143 写真提供：共同通信社／p144 Paolo Redwings（originally posted to Flickr as Olympic Torch Relay），CC表示／p145 写真提供：共同通信社／p147 Bundesarchiv, Bild 183-L1209-0021，CC表示・継承，部分使用／p148 写真提供：共同通信社／p152左下 Tksteven，CC表示・継承／p159 ©国土画像情報（カラー空中写真）国土交通省／p161 Korea.net / Korean Culture and Information Service，CC表示・継承／P162 Rm from nl，CC表示・継承／p163 提供：朝日新聞社／p168 Manfred Werner–Tsui，CC表示・継承／p172 Arnaud Gaillard，CC表示・継承／p173 RIA Novosti archive, image #488322 / Sergey Guneev，CC表示・継承，部分使用

著者

石出法太（いしで のりお）

1953年生まれ．法政大学・立正大学・関東学院大学非常勤講師，歴史教育者協議会会員．

著書『まちがいだらけの検定合格歴史教科書』（青木書店），『世界の国ぐにの歴史2　イタリア』『世界の国ぐにの歴史17　ドイツ』『日本とのつながりで見るアジア　過去・現在・未来7　オセアニア』（岩崎書店），『これならわかるアメリカの歴史Q＆A』『これならわかるハワイの歴史Q＆A』（共著，大月書店），『知っておきたい　フィリピンと太平洋の国々』『知っておきたい　オーストラリア・ニュージーランド』（共著，青木書店），『「日本軍慰安婦」をどう教えるか』（共著，梨の木舎）など．

石出みどり（いしで みどり）

1954年生まれ．都留文科大学・首都大学東京・立正大学非常勤講師，歴史教育者協議会会員．

著書『世界の国ぐにの歴史20　スペイン』（岩崎書店），『これならわかる世界の歴史Q＆A』（全3巻）『これならわかるアメリカの歴史Q＆A』『これならわかるハワイの歴史Q＆A』（共著，大月書店），『新・歴史のとびら』（上下巻，共著，日本書籍），『知っておきたい　東南アジア2』『知っておきたい　中国3　香港・マカオ・台湾』『知っておきたい　オーストラリア・ニュージーランド』（共著，青木書店），『世界史から見た日本の歴史38話』（共著，文英堂）など．

これならわかるオリンピックの歴史Q&A

2016年4月20日　第1刷発行
2020年4月3日　第4刷発行

著　者　石出法太・石出みどり
発行者　中川　進
発行所　株式会社　大月書店
113-0033　東京都文京区本郷2-27-16
電話　03-3813-4651（代表）03-3813-4656（FAX）
振替　00130-7-16387
http://www.otsukishoten.co.jp/
印刷所　太平印刷社
製本所　中永製本

ISBN978-4-272-50222-6　C0022　Printed in Japan